인공지능 교육단체
OUTTA와 함께하는!

인공지능 파이썬 기초 다지기

Python Basics for AI with OUTTA

교육출판위원 OUTTA

김찬교 · 김예린 · 김재환 · 안 건 · 이현인 · 정원석
강가현 · 김도현 · 서주호 · 손진아 · 이동현 · 강하은

도서출판 홍릉

인공지능 파이썬
기초 다지기

2022년 6월 30일 초판 1쇄 발행
2023년 7월 17일 초판 2쇄 발행

참여저자 : 김찬교 · 김예린 · 김재환 · 안 건 · 이현인 · 정원석
강가현 · 김도현 · 서주호 · 손진아 · 이동현 · 강하은
편집위원 : 김찬교 · 권태희 · 양윤정 · 이현수 · 임주희 · 한창희
발행인 : 송 준
발행처 : 도서출판 홍릉
주 소 : 01093 서울시 강북구 인수봉로 50길 10
등 록 : 1976년 10월 21일 제5-66호

전 화 : 02-999-2274~5
팩 스 : 02-905-6729
e-mail : hongpub@hongpub.co.kr
http://www.hongpub.co.kr
ISBN : 979-11-5600-048-8(93000)

정 가 : 13,000원

Acknowledgement

This work was derived from the website Python Like You Mean It (PLYMI), which is written by Ryan Soklaski. PLYMI is an open-source resource for learning about the essentials of Python and NumPy. It used by the MIT Beaver Works Summer Institute to train high school students who are applying to a wide range of cutting-edge courses in robotics, artificial intelligence, medical data science, and other topics. PLYMI was designed so that students are equipped with the fundamental Python skills that are needed to be successful in these courses. It is now a widely-used resource and is leveraged by American universities.

출판 독자 여러분,
서울대 공과대학 기계공학부 조규진 교수입니다.

책이라는 매체로 여러분을 만나 뵈어 반갑습니다. 공학이란 사람이 상상하는 그 무엇을 가능하게 만드는 학문입니다. 새와 같이 날고 싶었던 꿈은 공학을 만나 우리 삶의 현실이 되었고 멀리 있는 사람을 만나지 못했던 우리는 이제 목소리는 물론 얼굴도 볼 수 있게 되었습니다. 걷지 못하고, 보지 못하던 사람들은 의학과 공학이 접목된 의공학을 만나 일상의 기쁨을 찾았습니다. 한편 떠오르는 미래 기술 중 하나인 인공지능, 로봇공학 기술은 발전을 거듭하여 인간의 사고력, 인간의 신체능력을 닮아 스스로 문제를 진단하고 해결하는 인간의 능력을 발휘하는 수준에 이르게 되었습니다.

공학은 무한 경쟁과 협력의 무대에서 발전됩니다. 21세기 정보 중심 사회를 맞아 대한민국이 계속 발전하고 세계의 중심에 우뚝 서기 위해서는 현재와 미래의 엔지니어들의 역할이 절대적으로 필요합니다. 서울대학교 공과대학 졸업생과 재학생들을 중심으로 설립된 OUTTA는 차세대 대한민국 기술 발전과 교육 기회의 제공을 위해 하나로 모인 팀입니다. 본 교수는 다음 세대를 위해 자신들의 시간과 지적 능력을 기꺼이 내놓은 이 팀을 현 세대를 살아가는 엔지니어로서 응원합니다.

OUTTA는 "Anyone can, Everyone must, make a difference"를 비전으로 하여, 누구나, 특히 다음 세대인 우리나라 대학생들에게 인공지능과 코딩에 대한 지식과 체험의 기회를 제공하고자 노력하고 있습니다. 이 기회를 바탕 삼아 이 책의 독자 여러분 스스로 문제를 직시하고, 과감히 도전하고, 서로 협력하여 궁극적으로 문제를 해결하는 경험을 쌓기를 희망합니다.

MIT는 수년간 인공지능 교육 및 컨테스트를 진행한 바 있으며, 이들이 공유한 교육 콘텐츠는 이미 다년간 MIT를 포함한 보스턴 지역에서 그 효과와 우수성을 입증받았습니다. 이에 MIT 박사과정 및 서울대학교 공과대학 학부생들은 이 지식 콘텐츠를 기반으로 대한민국 학생을 위한 교재를 책으로 출판하게 되었습니다.

세대를 걸쳐 축적된 지식은 지금껏 책이라는 매개체로 보급되어 왔고 또 확장되어 왔습니다. 서울대학교 공과대학 및 교수진은 이 책이 지닌 교육적 가치에 크게 공감하고 OUTTA의 활동을 적극적으로 지지합니다.

새로운 도전과 경험을 통해 내일의 세계를 이끌어갈 글로벌 엔지니어가 되어 더 큰 무대에서 여러분을 만나길 서울대학교 공과대학이 응원합니다.

2022년 3월 4일
서울대학교 공과대학 기계공학과 교수
인간중심소프트로봇기술연구센터 소장
조 규진

교육 프로그램 기획 대표 인사글

강하은 MIT 기계공학과 박사과정(서울대 기계과 학부 졸)

안녕하십니까. MIT 기계공학과 박사과정 5년차 강하은입니다.

제가 MIT 에서 얻은 가장 큰 자산은 이곳에서 만난 사람들과 이들이 삶을 대하는 자세입니다. 세상을 바꿔보겠다 (make a difference) 며 마음 맞는 사람들을 모아 (recruit) 신나게 일하는 이곳 사람들이 한때는 무모해보이기도 했습니다. 하지만 올바른 리더십, 적절한 자본, 그리고 팀원 간 환상의 협업이라는 삼박자가 맞아 떨어질 때 엄청난 혁신이 이루어진다는 것을 깨닫기 까지는 그리 오랜 시간이 걸리지 않았습니다.

'나만 잘 하면 된다'는 생각과 '잘 하기도 잘 해야 하지만 모든 것(과목)을 잘 해야 한다'라는 고정관념을 버릴 수는 없을까요? 1인 1책상의 문화를 거부하는 것이 한국 교육 혁신의 시발점이 될 수 있지 않을까 생각합니다. 살펴보면 세상에 그 어떤 조직도 나 혼자만 잘 하면 된다는 생각으로 일하는 사람을 환영하지 않습니다. 오히려 또 다른 인재를 설득해 함께 일해서 더 큰 성과를 낼 줄 아는 협업에 능한 인재를 찾습니다. 업무의 위임은 성공을 위한 팀워크의 전제 조건이자 리크루팅 팀들의 존재 이유라 믿습니다.

해외 인재들과 겨루고 상생해야하는 우리나라는 얼마만큼 준비가 되어있을까요? 우리 아이들은 자기의 대담한 생각들을 펼치며 주위를 설득하고 효과적인 협업을 통해 그들의 주변과 사회, 그리고 이 나라를 이끌어갈 준비가 되어있을까요? 아직 아니라면 이 아이들을 위해 우리는 무엇을 해줄 수 있을까요?

제작년 보스턴에 코로나가 기승을 부리는 틈을 타, 한국에 잠시 들어가 서울대 캠퍼스를 돌아다니며 마흔 다섯 분의 서울대 후배님들을 모아 7개 팀을 꾸려 MIT Beaver Works의 인공지능 및 자율주행 AI 코딩 자료를 기반으로 교육 프로그램을 만들었습니다. 여름 세달 간 무료 온라인 AI 코딩 교육을 시행한다는 소식을 전하자 서울, 제주, 횡성, 울릉 등 전국 각지에서 200 명이 넘는 중학생 아이들이 모여들었습니다. 대학생 멘토들은 유튜브와 다큐를 찍으며 책을 쓰기 시작했고, AI 세미나를 열면서 다채로운 교육혁신과 변화를 만들어 냈으며, 중학생 멘티들은 팀장으로 팀원들을 이끌어 보기도 하고 서로를 도와서 Python과 인공지능, 그리고 자율주행 자동차의 주행 원리를 체득하며 서울대 멘토들과 교감하는 뜨거운 여름을 보냈습니다. 리더십, 자본, 그리고 협업의 산물이었습니다.

"Make a difference!"라는 새로운 라이프 스타일을 제시하고 살아내는 OUTTA 의 출범을 진심으로 축하합니다. 부디 OUTTA 에서의 경험이 좋은 씨앗이 되어 앞으로 계속해서 더 크고 대담한 일들을 기획하고 협업을 통해 진정한 교육혁신을 이루어 나가게 되시기를 진심으로 응원합니다. 대한민국의 앞길은 여러분들의 라이프 스타일에 달렸습니다.

AI 교육혁신 특별 증서 수여식을 통해 우리들의 공로를 치하해 주시고 공학인들의 큰 영감 되어주시는 서울대 공과대학 차국헌 (전) 학장님, 그리고 차세대 인재양성을 몸소 실천해주시며 저희 세대에게 life changing experience를 제공해주시는 서울대 기계공학부 조규진 교수님과 안성훈 교수님께도 진심으로 깊은 감사의 말씀 올립니다.

감사합니다.

보스턴에서,
강하은 드림
Board Member, OUTTA
PhD Candidate, MIT Mechanical Engineering

소개글

안녕하세요, 인공지능 교육단체 OUTTA입니다.

열성적인 대한민국의 청년들이 모여 만든 OUTTA는 'out of'라는 뜻으로, 교육에 관한 기존의 규범과 기대를 뛰어넘는 새로운 라이프스타일을 추구합니다. OUTTA는 다음의 세 단계를 통해 'Make a Difference'하는 라이프스타일을 추구합니다.

Step 1. Ideation – 내 가슴을 뛰게 하는 아이디어가 있다면 내가 먼저 적극적으로 리드해보는 문화
Step 2. Collaboration – 내 아이디어에 동참할 팀원들을 직접 찾아나서는 문화
Step 3. Impact – 내 아이디어로 세상에 임팩트를 주는 문화

위 과정을 통해 누구나 새로운 변화를 만들 수 있다고 믿으며, 더 많은 사람들이 저희와 함께 이러한 라이프스타일을 갖추길 바랍니다.

저희는 모든 사람이 AI에 접근할 수 있고 누구나 AI를 활용하여 세상을 바꿀 문제를 해결해나가길 희망하는 마음에서, 이 책을 썼습니다. 이 책을 통해, 사람들이 자신의 배경이나 전문성에 관계없이 AI를 활용하는 데 필요한 기술과 지식을 개발하고 AI를 주체적으로 활용할 수 있기를 바랍니다. OUTTA가 추구하는 AI 교육은 단순히 알려진 AI 지식을 주입하는 것이 아닙니다. 틀에 박힌 사고에서 벗어나, 각자의 시각으로 세상에 존재하는 문제를 찾아내고, 자신만의 해결 방법으로 그 문제를 풀어나가는 힘을 갖출 수 있도록, 능동적이고 창조적인 프로그램을 제공하기 위해 노력합니다.

이 책을 단순히 암기하듯 공부하는 것이 아니라, 배운 내용을 어떻게 활용할 수 있을지, 이 책을 읽는 것이 자신에게 어떤 도움이 될지 생각하며 즐겁게 읽으시면 좋겠습니다. 그리고 여러분의 삶에서 make a difference 하기 위한 계기로 이어지면 더욱 좋겠습니다.

[Contact Info.]
Email: admin@outta.ai

Website: Linkedin:

OUTTA 회장단 일동 드림

들어가며

안녕하세요, OUTTA의 활동 멤버이자 대표 저자 김찬교입니다.

제가 처음 이 책과 책의 기본이 되는 MIT Beaver Works의 BWSI 프로젝트를 만나게 된 것은 코로나 시국이 갈수록 심해져 가는 2021년 올해 초 겨울이었습니다. 같은 학과를 졸업하고 MIT 박사과정을 밟고 계신 강하은 선배로부터 연락을 받아 국내 최초 중학생 대상 자율주행 코딩 교육 및 경진대회를 주최하고자 하는 팀원들이 모였고 이렇게 인공지능 교육 단체 브랜드(OUTTA의 전신)가 탄생하게 되었습니다. Core Mentor와 Coding Mentor로 구성된 이들은 아직 아무 형상도 없는 프로젝트를 구체화하기 위해 기획 및 교재 제작, 마케팅과 대외 활동을 위한 홈페이지와 유튜브 개설, 코딩 교육 및 대회 주최 등 수많은 일을 열심히 나갔습니다. 인공지능 교육을 위한 비전 하나만 갖고 열정을 쏟아준 모든 초기 아우타 구성원들에게 감사함을 표시하고 싶습니다.

저흰 2021년 여름, 가상 현실 환경에서 중학생 학생들이 직접 알고리즘을 짠 가상의 racecar들이 경쟁하고, 본선 대회에선 보다 개선 알고리즘을 적용한 racecare이 서로 경쟁하는 컨테스트를 개최했습니다. 우수한 성적을 얻은 팀은 MIT Final에 진출해 전세계의 다양한 학생들과 겨룰 기회를 갖게 되었습니다. 무엇보다 학생들 스스로 코딩, 공학, 자율주행 이라는 창조적인 세계에 완전히 몰입되고 흥미를 느끼는 것을 보며 정말 큰 뿌듯함과 보람을 느꼈습니다.

새해가 시작되었고 2022년 우리는 작년에 경진대회 및 교육자료 제작을 진행하면서 느꼈던 부족한 점을 보완하고자 비영리 AI 교육 단체 OUTTA를 설립하였습니다. 저희의 비전은 전통적인 교육 방식에서 벗어나 다양한 세미나와 자체 교육 프로그램으로 AI와 Machine Learning을 학습하고, 대회를 통해 주도적으로 실제 문제를 해결하는 기회를 제공하는 것입니다.

이 책의 기획자이자 OUTTA의 Co-founder로 저는 중학생들이 프로그래밍과 알고리즘이라는 개념을 친숙하게 받아들이고 또 진취적인 학생들에게 보다 흥미로운 도전을 제공하고자 Python 및 인공지능 교재를 제작하고 있었습니다. 교재를 제작할수록, 이 프로그램에 참여하지 못하는 전국의 중고등학생들에게도 교육 내용이 전달되면 좋을 것 같다는 생각이 커져갔고, 그렇게 완성된 책으로서 출판하고자 하는 생각에까지 미치게 되었습니다.

이 책은 내가 소속되어있는 동아리 〈공우: STEM〉 선배이자 학과 선배로서 MIT에서 박사과정을 밟고 계신 강하은 선배님, 함께 OUTTA의 Co-founder로 활약 중인 현인이 형, 또 같은 목적을 위해 OUTTA라는 브랜드로 모인 전국 각지의 팀원들, 교육으로써 사회 공헌 및 가치 실현에 앞장서있던 MIT Beaver Works 없이는 절대 나올 수 없는 큰 도전이고 즐거움이었습니다.

인공지능 혹은 코딩이라는 개념에 생소했던 학생들은 이 교재들을 통해 공부해나가며 때론 어렵고 포기하고 싶은 생각이 들겠지만 포기하지 말고 끝까지 공부하기를 이루시길 바랍니다!

"매료된 이들은 텍스트를 남기고,
남겨진 텍스트는 상대를 불멸케 한다."
- 김영민, 우리가 간신히 희망할 수 있는 것 中

2023년 6월 14일
교육 도서 집필 대표
Board Member, OUTTA
김찬교 드림

차 례

1부 컴퓨터 프로그래밍 : AI 프로그래밍을 위한 Python 프로그래밍

1부

컴퓨터 프로그래밍 :

AI 프로그래밍을 위한 Python 프로그래밍

Module 1 Python 설치 및 개요

이동현 서울대학교 컴퓨터공학부

"코딩을 좋아합니다. 백지 도화지에 그림을 그리듯 빈 화면에 코드를 채우고 본인 손으로 동작하는 무언가가 창조되는 걸 보는 건 즐거운 일입니다. 원하는 대로 작동하지 않고 어떻게 코드를 짜야 할지 막막할 때도 물론 많습니다. 그것도 매우 많습니다. 홀로 사유하고, 책 혹은 인터넷을 참고하는 등의 방법을 통해 어떻게든 부여잡고 해결을 하고 나면 그 기쁨은 더할 나위가 없습니다. 때때로 이런 걸 왜 이렇게까지 고생하면서 고민했나 싶은 것도 있습니다. 이러한 것이 반복되며 코딩 실력과 사고하는 능력이 향상합니다. 이 책은 독자 여러분과 동행해 시행착오를 함께하며 실력을 키우는 데에 도움이 될 것입니다. 더 나아가 책의 도움 없이 충분한 실력을 발휘할 수 있을 때까지 정진하기를 바랍니다."

1.0 교육 목표

본 섹션에서는 Python과 Python 코드 작성 및 실행에 쓰이는 좋은 도구들을 소개한다. 본 섹션을 통해 Python이 무엇인지, 어떻게 설치하고 개발 환경을 구성하는지를 알아보고, 간단한 코드를 살펴보자.

1.1 Python이란?

Python은 프로그래밍 언어이다. 즉, 컴퓨터에게 잘 정의된 명령을 내리기 위한 엄격한 문법 규칙의 집합이다. Python은 직관적이고 배우기 쉬우며 다양한 패키지를 활용할 수 있기 때문에 많은 이들에게 사랑받는 언어이다.

Python 코드는 Python 언어의 규칙을 따르는 텍스트이다. 예를 들어, 아래의 코드는 규칙을 따른다.

```
x   = 2 + 3
print('2 + 3 = {}'.format(x))
```

Python 언어에 따르면 위 코드는 컴퓨터에게 다음의 명령을 내린다.

- 2 + 3을 계산할 것
- 결과 값 5를 변수 x에 할당할 것
- 변수 x에 접근해 컴퓨터 화면에 '2 + 3 = 5'를 출력할 것

Python 언어의 규칙을 따르지 않는 예시는 아래와 같은 것이 있다.

```
x = 2 ~ 3
```

두 정수 사이에 문자 '~'를 위치시키는 것은 Python 언어 규칙 상에서 아무런 의미를 가지지 않는다.

따라서 Python을 배운다는 것은 Python 언어에 의해 지정된 문법 규칙과 이에 대응해 수행되는 컴퓨터 명령이 무엇인지를 배우는 것이다. Python 코드를 담은 텍스트 파일을 Python 스크립트라고 일컫는다. 사전에 작성된, 새로운 코드 작성에 편리하게 가져다 쓸 수 있게 만들어진 스크립트를 패키지라고 한다.

1.2 Python 설치

아나콘다 플랫폼을 통해, 한 번에 Python 및 유용한 Python 패키지들을 설치할 수 있다. 설치를 진행하면, 아래의 항목들이 설치된다.

- Python
- matplotlib, NumPy, SciPy와 같은 유용한 Python 패키지
- Jupyter; Python 코드를 브라우저에서 실행해주는 대화식(노트북) 환경
- conda; 각종 호환성 문제를 처리하며 Python 및 Python 패키지를 설치 및 업데이트 할 수 있는 패키지 관리자

컴퓨터에 이미 다른 방법으로 Python이 설치되어 있더라도, 아나콘다를 통해 Python을 또 설치하는 것은 전혀 문제가 되지 않는다. 아나콘다에서 제공하는 Numpy 등의 일부 패키지는 최적화되어 있어, 수동으로 패키지를 설치하는 경우보다 빠르게 실행되기도 한다.

1.2.1 아나콘다 설치

1) https://www.anaconda.com/products/individual로 이동하여 본인의 OS 환경에 맞는 설치 파일을 다운로드한다.
2) 다운로드가 완료되면 설치 프로세스를 시작한다. 설치 옵션 중 'Add Anaconda to the system PATH environment variable' 옵션을 활성화한 상태로 설치를 진행한다.
3) 30분짜리 "Getting Started" 튜토리얼을 완료하여 conda에 익숙해진다. 이는 매우 중요하다!

위의 방법대로 설치를 진행하기 위해서는, 컴퓨터에서 터미널(윈도우 사용자의 경우 cmd.exe)을 여는 방법과 터미널 상에서 디렉터리 사이를 이동하는 방법을 알아야 한다. 이 방법을 모를 경우 사용 중인 운영체제에 대한 사용 방법을 찾아보길 바란다.

1.2.2 conda의 환경 관리

conda는 패키지 관리자의 역할과 더불어 환경 관리자의 역할도 수행한다. 대표적으로, Python 3.X와 Python 2.X 환경을 각각 생성한 후, 매번 원하는 환경을 선택하여 실행할 수 있다.

아나콘다의 초기 설치에 Python 3이 포함되어 있다고 가정하면 루트(즉, 기본값) conda 환경은 Python 3 환경이다. 사용자는 Python 2.7 및 아나콘다와 함께 제공되는 패키지들을 포함하는 conda 환경을 생성할 수 있다. 터미널에서 아래 명령을 수행한다.

```
conda create -n py27 python=2.7 anaconda
```

설치 프로세스가 완료되면, 다음 명령을 실행하여 py27이라고 명명한 해당 환경을 활성화할 수 있다.

```
conda activate py27
```

이 환경을 비활성화하면 루트 Python 3 환경으로 돌아간다. 아래 명령을 실행하면 된다.

```
conda deactivate
```

conda 환경은 단순히 Python 3과 2 사이를 왔다갔다 하는 것 이상의 용도를 가지고 있다. 프로젝트를 진행할 때 conda 환경을 활용하면, 다른 작업과의 충돌 없이 프로젝트의 환경을 독립적으로 관리할 수 있다는 장점이 있다. conda 환경을 능숙하게 이용하면 많은 도움이 될 것이다. conda 환경 관리는 https://conda.io/projects/conda/en/latest/user-guide/tasks/manage-environments.html를 통해 더 자세히 배울 수 있다.

1.3 주피터 노트북

주피터 노트북을 이용하면 노트북에 기록된 코드를 쉽게 편집하고, 다시 실행할 수 있다. 노트북을 저장하여 추후 작업을 이어서 진행할 수도 있다. 또한 적절한 형식의 텍스트 블록을 작성하면, 노트북의 내용을 표시 및 설명하고 데이터 시각화도 진행할 수 있다.

1.3.1 주피터 랩

주피터 랩(https://jupyterlab.readthedocs.io/en/stable/)은 프로젝트 주피터의 새로운 웹 인터페이스로, 브라우저에서 주피터 노트북, 콘솔 터미널 및 텍스트 편집기를 관리하고 실행할 수 있도록 도와준다. 이는 효과적인 데이터 과학의 워크플로우를 가능하게 한다. 자세한 기능을 살펴보려면 주피터 랩의 설명서를 찾아 자세히 살펴보기 바란다.

1.3.2 노트북 서버 실행 및 노트북 생성

터미널에서 파일을 만들 수 있는 디렉토리로 이동한다. 이 방법을 모른다면 구글링을 통해 금방 습득할 수 있다. 원하는 디렉토리에 위치하면 터미널에서 아래 명령을 수행한다.

```
jupyter notebook
```

주피터 랩에서 작업하기를 원할 시 다음 명령을 수행하면 된다.

```
jupyter lab
```

터미널에 다음과 같은 텍스트가 나타난다.

그림 1.1 실행중인 노트북 서버

그림 1.1은 컴퓨터에서 실행 중인 "노트북 서버"로, 브라우저와 컴퓨터 간의 모든 통신을 처리한다. 명령 수행 직후에는, 그림 1.2와 같이 웹 브라우저에서 파일 탐색기처럼 보이는 새 창 혹은 탭이 열린다.

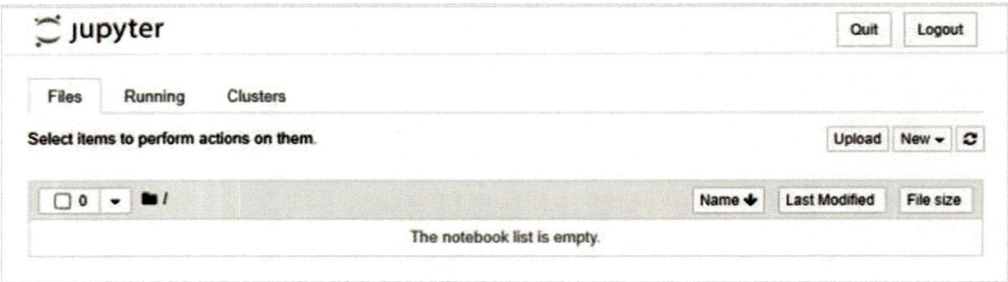

그림 1.2 웹브라우저에서 열리는 창

새롭게 열린 창을 통해 하위 디렉토리에 접근하고 저장한 주피터 노트북을 자유롭게 열 수 있다. 주피터 노트북을 열 땐 이 파일 탐색기를 사용해야 한다. 새로운 Python 코드를 작성할 때는, 이 창의 오른쪽 상단 모서리에 "New"라는 레이블이 지정된 드롭다운 메뉴를 클릭하고, Python 3 옵션을 선택한다.

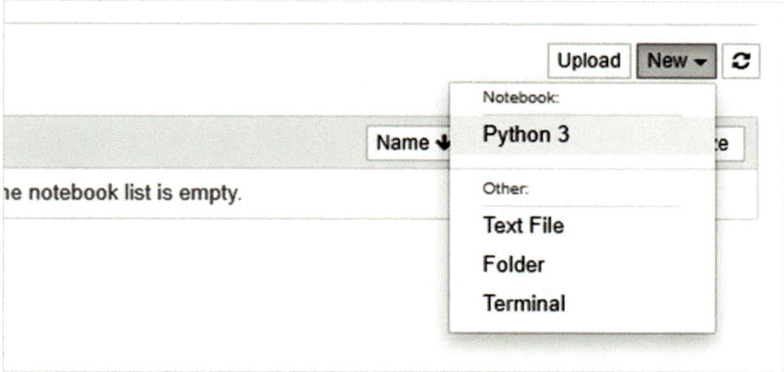

그림 1.3 새로운 Python 코드 작성하기

새로운 파일이 잘 생성되면, 브라우저에 새 탭이 열리고 Python 3 커널을 실행하는 Untitled.ipynb라는 "주피터 노트북"이 표시된다. File > Rename을 클릭하면 노트북의 이름을 지정할 수 있다. .ipynb는 주피터 노트북에 사용되는 파일 형식의 접미사이다.

1.3.3 노트북 셀

주피터 노트북에서는 "셀" 내에서 여러 줄의 코드를 작성한 후, 작성한 코드를 셀별로 실행할 수 있다. 첫 번째 셀에 아래 코드를 입력해보자.

```
x = 3
y = 4
```

입력을 완료했다면, 〈SHIFT〉+〈ENTER〉를 눌러보자. 이 단축키는 지정된 셀에 작성된 모든 코드를 실행하고(이 경우 각각 변수 x와 y 값을 3과 4로 할당), 아래에 새 셀을 만드는 기능을 한다. 만들어진 새 셀에는 다음과 같은 코드를 입력하자.

```
x + y
```

〈SHIFT〉+〈ENTER〉를 한 번 더 불러보자. 셀 아래에 숫자 7이 나타남을 확인할 수 있을 것이다. 이는 앞서 x, y에 저장했던 3과 4의 합이다.

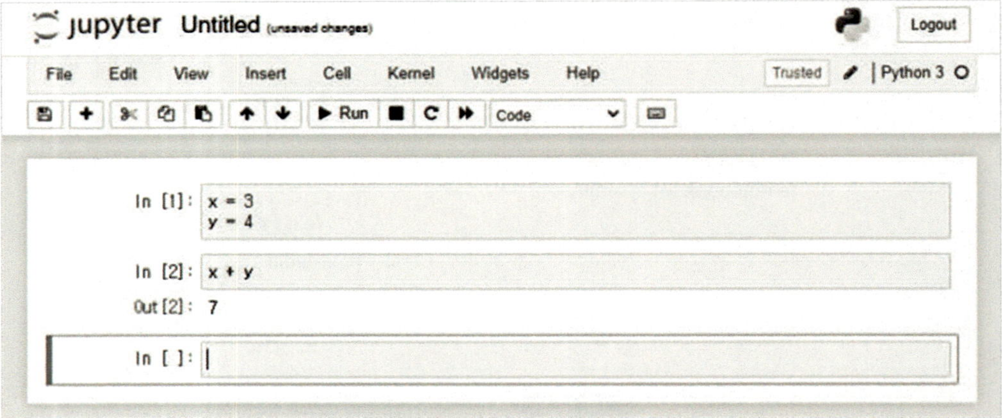

그림 1.4 주피터 노트북 사용 예시

1.3.4 주피터 노트북에 익숙해지기

이번에는 주피터 노트북을 능숙하게 사용하기 위한 몇 가지 기본 단축키 및 기능을 소개한다. 우선, 노트북에는 두 가지 모드(Command 모드, Edit 모드)가 있다.

1.3.4.1 Command 모드(〈ESC〉를 눌러 활성화)

Command 모드에서는, 단축키를 사용하여 노트북 셀을 생성/삭제/잘라내기/붙여넣기 할 수 있고, 코드와 마크다운 모드 간에 셀 유형을 변경할 수 있다. Command 모드 하에서, 선택한 셀은 파란색 테두리로 둘러싸여 있다. 노트북 상단에서 Help > Keywork를 클릭하면, 사용할 수 있는 단축키들의 전체 목록을 볼 수 있다. 유용한 일부 단축키들은 아래와 같다.

- 현재 셀 위에 새로운 셀 생성: a
- 현재 셀 아래 새로운 셀 생성: b
- 현재 셀 삭제: dd
- 노트북 커널 재시작: 00
- 현재 셀의 타입을 “코드”로 변경: y
- 현재 셀의 타입을 “마크다운”으로 변경: m

1.3.4.2 Edit 모드(〈ENTER〉를 눌러 활성화)

Edit 모드에서는 선택한 셀에 텍스트를 입력할 수 있다. Edit 모드에 있으면 현재 셀이 녹색 테두리로 둘러싸인다. 셀을 실행하기 위한 두 가지 명령은 다음과 같다.

- **현재 셀 실행:** 〈CTRL〉+〈ENTER〉
- **현재 셀 실행 및 아래에 새로운 셀 생성:** 〈SHIFT〉+〈ENTER〉

생성된 셀은 기본적으로 코드 타입이다. 이는 입력한 내용이 Python 언어 포맷으로 실행됨을 의미한다. 〈TAB〉을 사용해 자동 완성 기능을 사용할 수 있고, 〈SHIFT〉+〈TAB〉을 통해 그림 1.5에서처럼 커서가 올라가 있는 함수에 해당하는 정보를 작은 창으로 나타내어 볼 수 있다. 이는 코딩을 할 때 매우 유용하게 사용할 수 있는 기능이다.

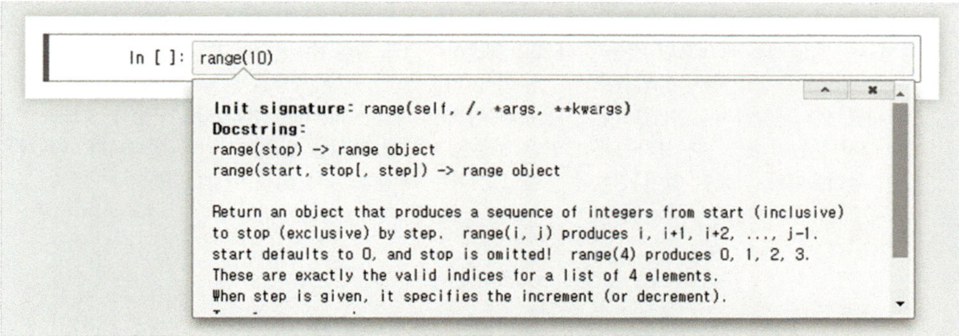

그림 1.5 〈SHIFT〉+〈TAB〉의 기능

1.3.5 마크다운 셀

앞서 언급한 기본적인 '코드 타입 셀' 외에, 마크다운 타입도 존재한다. 마크다운 타입의 셀에 입력된 내용은 Python 코드로 해석되지 않으며, 대신 셀을 실행시켰을 때 양식화된 텍스트로 변환된다. https://github.com/adam-p/markdown-here/wiki/Markdown-Cheatsheet 를 참조하여, 다양한 마크다운 스타일을 구현해볼 수 있다. 마크다운 셀을 잘 활용하면, 주피터 노트북에서 LaTeX 방정식을 렌더링하거나, 노트북에 이미지 및 비디오를 포함시키는 등의 작업이 가능하다. 이는 실험 보고서 작성 등에도 유용하게 사용할 수 있는 기능이다.

Module 2 Python의 기초

서주호 서울대학교 기계항공공학부

"안녕하세요! 다들 하루의 절반을 컴퓨터와 함께하면서도 '꼭 코딩을 배워야 할까?'라는 고민을 한 번쯤 해보셨을 것입니다. 컴퓨터 프로그래밍을 제대로 가르쳐주는 사람도 없을 뿐만 아니라, 잘 짜인 프로그램을 구매해 즐기는 게 익숙했기 때문입니다. 여러분! 세상은 빠르게 변하고 있습니다! 코딩 실력은 영어와 더불어 현대인의 필수 능력으로 요구될 것입니다. 언젠가는 이 책을 통해 코딩과 AI의 첫걸음을 뗀 지금 이 순간을 기억하실 겁니다. 여러분들이 코딩과 AI에 조금 더 가까워지기를 응원합니다!"

손진아 서울대학교 자유전공학부(컴퓨터공학 전공)

"여러분 안녕하세요. 이렇게 만나게 되어 반가워요! 교재를 만들면서 여러분이 Python을 어떻게 받아들일지 생각하고, 또 어떻게 공감이 되도록 설명할지 나름 고민했는데 잘 전해졌을지 모르겠습니다. 능동적으로 새로운 것을 배우는 과정은 분명 멋진 일이지만, 동시에 막막하고 어렵습니다. 이 책에서 다루는 내용이나 공부 방법들이 학교에서 배워오던 것들과 다르고 생소하다고 느끼실 수 있습니다. 그래서 더더욱 이런 시도를 시작하는 여러분이 정말 멋지다 말씀드리고 싶고, 어려운 도전인 만큼 중간에 막히더라도 낙담하지 말고 한 걸음씩 내딛는다 생각하시길 바랍니다. '처음부터 완벽한 사람은 없다'는 생각으로 꾸준히 코드를 반복해서 써보면, 다시 뒤돌아 봤을 때 불가능해 보였던 것들을 이뤄낸 자신을 발견하시리라 믿습니다. 이 책을 통해 여러분이 두려움이나 망설임 없이 원하는 일을 도전하는 데에 도움이 되길 바랍니다!"

2.0 교육 목표

본 섹션의 목표는 Python의 기본적인 구성요소들을 학습하는 것으로 한다. Python의 가장 기본적인 개념인 객체, 여러 자료형, 조건문, 반복문, Iterable이라 불리는 특수한 개체들을 살펴보고, 함수를 선언하고 호출하는 연습도 해볼 것이다.

2.1 객체란 무엇일까?

이 교재에서는 '객체(object)'라는 단어를 자주 접하게 될 것이다. Python은 객체로 이루어져있기 때문이다. 그렇다면 객체란 무엇일까? 쉽게 말하면, 정보를 담고 있는 모든 처리 대상을 객체라 부른다. 어렵게 말하면, 프로그램 실행에 필요한 데이터와 그 데이터를 처리하는 동작을 함수로 구성한 것을 모아둔 집합을 객체라고 할 수 있다. 설명이 조금 어렵게 느껴질 것이다. 그림 2.1에 나타난 예시를 통해 객체의 개념에 친숙해져 보자.

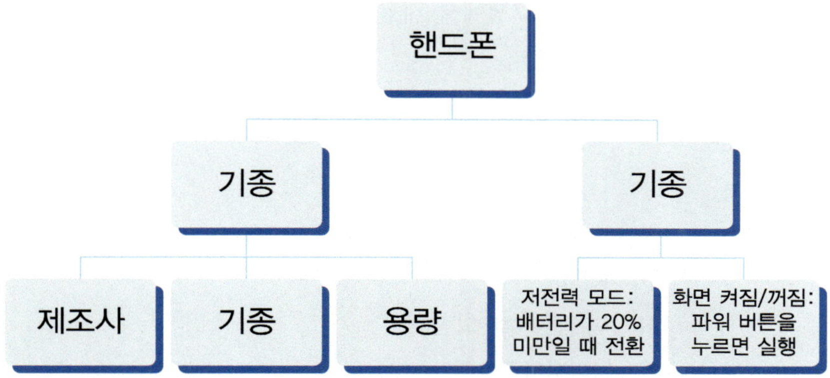

그림 2.1 객체 예시

위 예시와 같이 '핸드폰'에는 여러 속성과 행위에 대한 정보가 담아져 있고, 이 핸드폰 전체를 객체라고 부른다고 생각하면 된다. Python에서 객체의 종류를 확인하려면 'isinstance'라는 명령어를 통해 다음과 같이 확인할 수 있다.

```
>>> x = 1
# 객체 'x'의 유형
>>> type(x)
int

# 'isinstance'를 통해 확인하는 방법
>>> isinstance(x, int)
True
```

2.2 자료형

다음으로 정의해야 될 용어는 자료형(data type)이다. 자료형은 어떤 프로그래밍 언어에서도 기본기라 불리는 핵심 단위이다. 이 책에서는 5가지의 자료형(숫자(number), 불

(booleans), 널(null), 문자열(strings), 리스트(list))을 다루고 있다.

2.2.1 숫자 자료형(Number)

Python에서 사용되는 숫자와 관련한 기능들은 수학에서 평소 사용해 오던 계산 기호와 유사한 기호를 사용한다. 코딩에서 사용하는 연산자는 아래 표 2.1과 같이 정리해볼 수 있다.

표 2.1 연산자

연산자	설명
`x * y`	곱하기
`x / y`	나누기
`x // y`	나눈 후 정수 부분의 값
`x % y`	나눈 나머지의 값
`x ** y`	거듭 제곱
`-x`	음수
`abs(x)`	절대값
`x == y`	같다
`x != y`	다르다
`x > y`	크다
`x >= y`	크거나 같다
`x < y`	작다
`x <= y`	작거나 같다

중요하게 기억해야 할 두 가지 사항이 있다. 첫 번째는 연산자의 우선순위이다. 수학에서와 마찬가지로, 코딩을 할 때도 출력되는 값이 연산자의 우선순위에 따라서 변할 수 있기 때문이다.

```
>>> 2 + 1 * 3 < 3 * 2
True

>>> (2 + 1) * 3 < 3 * 2
```

```
False
```

두 번째는 부동 소수점(floating-point number)이라는 개념과 관련이 있다. 많은 프로그램에서는 정수와 정수를 나누면 결과값을 정수로 출력한다. 그러나 Python 3에서는 정수뿐 아니라 실수도 다룰 수 있다. 따라서 아래 실행 결과와 같이 항상 소수점을 포함한 결과가 출력되는 것을 볼 수 있다.

```
>>> 3 / 2
1.5

>>> 4 / 2
2.0
```

수학 시험에서 a라는 값을 구하는 문제가 나왔을 때 a=2.0이라도 2라는 값을 적어도 정답으로 인정됐을 수도 있다. 이는 a라는 값은 2와 동일하기 때문이다. 하지만 코딩을 할 때는, 2.0과 2의 자료형이 다르다는 점을 꼭 기억해야 한다.

다음과 같이, 저장된 math module을 불러오면 로그함수, 삼각함수 등을 포함한 더 복잡한 연산도 실행할 수 있다.

```
>>>importmath
>>>math.sqrt(4.)
2.0

# base-10 log
>>> math.log10(10.)
1.0

# 4! = 4*3*2*1
>>>math.factorial(4)
24
```

2.2.1.1 정수와 실수(Int형과 Float형)

정수는 음의 정수와 양의 정수를 모두 포함한 수 (…, −2, −1, 0, 1, 2, …)다. Python에서, 실수는 쉽게 말해 소수점을 포함하는 수로, 부동소수점 방식으로 표현된다. Python

에서 정수는 int형으로 처리되며, 실수는 float형으로 처리된다.

Int형

```
>>> type(-3)
int

# '1.3'는 int형인지 확인해보자
>>> isinstance(1.3, int)
False

#여기서 10은 ""가 붙으므로 문자열로 인식이 되지만 int형으로 정수로 변한다.
>>> int("10")
10

#실수값을 입력해도 int형에서는 정수 값이 출력된다.
>>> int(1.3)
1
```

Float형

```
>>> 100. ** 0.5
10.0

>>> 1 / 3
0.3333333333333333

>>> 1 / 2
0.5

>>> type(-2.1)
float

#10은 소수점으로 표현되어 있지 않다.
>>> isinstance(10, float)
False

#소수점을 추가하면 실수가 된다.
>>> isinstance(10., float)
True
```

```
# 정수 값을 float형을 통해 실수로 변환해준다.
>>> float(-22)
-22.0
```

과학적 기수법을 사용하여, 매우 큰 실수, 혹은 0에 가까운 실수를 쉽게 표현할 수 있다. Python에서는 아래의 예시와 같이, 10의 n승 대신 'e'를 사용하여 표현한다.

$1.38 \times 10^{-4} \rightarrow$ 1.38e-04

$1.38 \times 10^{10} \rightarrow$ 1.38e10

다음으로 정수와 실수의 저장 공간의 차이에 대해서 알아보자. 0.1 + 0.1 + 0.1을 입력하면 누구나 0.3이라는 값이 출력되는 것을 기대할 수 있다. 하지만 기대한 바와 다르게 다음과 같은 결과가 출력된다.

```
>>> 0.1 + 0.1 + 0.1 - 0.3 == 0.
False

>>> 0.1 + 0.1 + 0.1 - 0.3
5.551115123125783e-17
```

이러한 결과가 나타난 이유는, float형의 실수에는 값을 저장할 공간으로 8 bytes(64 bits)의 메모리가 할당되기 때문이다. 1과 10 사이 정수의 개수는 유한하지만, 실수는 무한히 많기 때문에, 실수의 값은 유한개의 비트를 사용하여 근사값으로 표현해야 한다. 주어진 64 bit를 활용하면, 실수를 최대 약 16 자릿수의 근사값으로 표현할 수 있다. 그 이상의 소수점 자릿수를 갖는 값을 입력하더라도, 입력할 공간이 없기에 값이 근사되어 저장된다.

```
>>> 1. + 1e-16
1.0
```

실수와 실수가 동일한 값을 갖는지 비교하는 연산을 진행하는 것은 위험할 수 있다. 이 사실은 중요한 교훈으로 삼아 두 길 바란다. 즉, 두 실수를 비교할 때는 항상 근접한다는 표현을 써야 한다. 다행히도 전에 불러왔던 math 모듈에서 이 에러를 해결할 수 있는 유용한 함수가 있다. 'math.isclose'라는 함수를 통해 두 실수가 서로 근접하는지 확인해보자.

```
>>> import math

>>> ((0.1 + 0.1 + 0.1 - 0.3), 0., abs_tol=1e-9)
True
```

2.2.1.2 복소수(Complex Numbers)

수학에서 복소수는 실제로 존재하는 수와 존재하지 않는 수의 합인 $a + bi$로 표현된다. 여기서 a, b는 실수고 i는 $i^2 = -1$를 만족한다. Python에서는 복소수의 허수부분에 i를 j로 대신한다.

```
>>> 2 + 3j
(2+3j)

>>> complex(2, 3)
(2+3j)

>>> complex(0, 1)**2
(-1+0j)

>>> type(2+3j)
complex

>>> isinstance(2-4j, complex)
True
```

여기서 주의해야 할 점은 j는 실수 b와 항상 같이 bj의 꼴로 사용해야 한다는 점이다(즉, b가 1일 때도 $1j$로 표시해야 함).

```
>>> (1j) ** 2
(-1+0j)
```

또한, 다음과 같은 함수로 허수와 실수를 구분할 수 있다.

```
>>> x = complex(1.2, -3.4)
>>> x.real
1.2
```

```
>>> x.imag
-3.4
```

2.2.1.3 증분 대입문(Augmented Assignment Statements)

코딩을 하다보면, 특정 변수의 값을 변화시켜, 다시 해당 변수에 할당해야 하는 경우가 많다. 예를 들면 x의 값에 숫자 1을 더하여 다시 x에 저장하는 동작은 아래의 코드를 통해 실행할 수 있다.

```
>>> x = 5
>>> x = x + 1
>>> x
6
```

이 실행 과정을, '증분 대입문'을 사용하면 더 간단히 표현할 수 있다. 다음 예시를 통해 증분 대입문이 무엇인지 확인해보자.

```
>>> x = 5
>>> x += 1
>>> x
6
```

증분 대입문도 여러 가지 연산자의 유형에 따라서 달리 쓰인다. 이는 다음과 같이 정리할 수 있다.

- `x += n` → `x = x + n`
- `x -= n` → `x = x - n`
- `x *= n` → `x = x * n`
- `x /= n` → `x = x / n`
- `x //= n` → `x = x // n`
- `x **= n` → `x = x ** n`

2.2.2 불 자료형(The Boolean Type)

불 자료형은 '참' 혹은 '거짓'이라는 정보를 저장하며, True와 False라는 객체로 나누어진다. Python에선 'bool'로 표현된다.

```
# 객체 확인
>>> type(True)
bool

# 'False'는 불 자료형의 일종일까?
>>> isinstance(False, bool)
True
```

불 자료형은 주로 논리 연산자와 함께 사용한다. 대표적인 이항 논리 연산자로는 And (&)와 Or (|)이 있고, 아래 표와 같은 규칙을 갖는다. And는 두 피연산자가 모두(and) true인 경우에만 true를 반환하며, Or는 두 피연산자 중 하나 이상이(or) true인 경우에 true를 반환한다. 이는 아래 표에 잘 나타나있다.

표 2.2 And 연산자의 규칙

&	False	True
False	False	False
True	False	True

표 2.3 Or 연산자의 규칙

|	False	True
False	False	True
True	True	True

이 사실은 코딩을 통해 다시 한 번 확인할 수 있다.

```
>>> True or False
True

>>> True and False
False
```

```
>>> not False
True
```

논리 연산자는 다음과 같이도 표현할 수 있다.

```
>>> False | True
True

>>> False & True
False
```

두 불 객체 True와 False는 공식적으로 불 자료형 이외에도 int 유형에 속하며 각각 값 1 또는 0과 연관된다.

```
>>> isinstance(True, int)
True

>>> int(True)
1

>>> isinstance(False, int)
True

>>> int(False)
0
```

따라서 두 불 객체 True와 False는 1과 0과 같은 의미로 사용할 수 있다.

```
>>> 3*True - False       # 3*1 - 0과 같음
3
>>> True / False         # 1 / 0과 같음
```

2.2.3 부정 자료형(The None-Type)

부정 자료형은 객체가 None 하나인 단순 유형의 자료형이다. None은 "null"을 나타내는데, 이는 아무것도 없다는 것을 의미한다.

```
#부정 자료형에서 객체는 None 하나뿐이다.
>>> type(None)
NoneType
```

따라서, 객체가 부정 자료형에 속하는지 확인하기 위해서는 객체가 None인지를 확인하면 된다. Python에서는 is를 통해 두 객체가 동일한지 확인할 수 있다. 이는 두 객체가 동일한 값 또는 상태와 연결되어 있는지 확인하는 ==와 다르다.

```
# 객체가 None인지 확인하는 것이
# 객체가 부정 자료형인지 확인하는 방법이다.
>>> x = 22

>>> x is None
False

>>> x is not None
True

>>> y = None

>>> y is None
True
```

'None'은 자주 사용되는데, 특히 코드에서 임시로 자리를 표시해주는 역할로 사용된다. 아래 코드는 None을 유용하게 사용하는 간단한 예시이다. 이 코드가 아직 완벽하게 이해되지 않을 수 있으나 현재 시점에서는 우려하지 않아도 된다.

```
# 'None'을 자리 표시 역할로 사용되는 예시
# 아래 코드에서 주어진 리스트 내에서 10보다 큰 객체를 찾고 싶다. 조건에 부합하는 객체가 없으
면 유저에게 알려준다.
large_num = None
for number in [1, 2, 3, 4]:
    if number > 10:
        large_num  = number
        break
if large_num is None:
    print("The list did not contain any number larger than 10")
```

2.2.4 문자 자료형(String)

문자 자료형은 문자를 저장하는 데 사용된다. 문자는 다음 세 가지 방법을 통해 명명할 수 있다.

- 작은 따옴표: `'Hello world'`
- 큰 따옴표: `"Hello world"`
- 삼중 따옴표: `"""Hello world"""` 또는 `'''Hello world'''`

```
# 문자 자료형은 문자를 포함한다.
# 영어가 아닌 언어도 모두 포함한다.
>>> "hello, 你好, olá, 123"
'hello, 你好, olá, 123'
```

기본적으로 Python 3은 UTF-8 유니코드를 사용하여 다양한 문자를 나타낸다 (https://docs.python.org/3/howto/unicode.html#unicode-howto).

지금 단계에서는 유니코드가 무엇인지 정도만 가볍게 살펴보고 넘어가자.

문자 자료형은 Python에서 기본으로 제공되는 str 유형에 속하며, 문자 자료형이 아닌 객체를 문자 자료형으로 변환하는 데 'str'를 사용할 수 있다.

```
#앞서 배웠던 방법들을 응용해 'str' 문자 자료형인지 확인할 수 있다.
>>> type("hello")
str

>>> isinstance("83", str)
True

# 문자 자료형 'str'을 사용해 문자가 아닌 객체를 문자 자료형에 명시하는 방법
>>> str(10.34)
'10.34'

>>> str(True)
'True'
```

문자 자료형은 한 번 생성하면 변경할 수 없다는 특징을 갖는다. 문자 자료형을 변경하고 싶은 경우, 완전히 새로운 문자 자료형을 생성해야 한다.

문자 자료형은 문자들의 나열, 즉 문자열을 저장하므로, Python에서는 문자 자료형을 이루는 문자들에 접근하는 방법을 제공한다. 아래 예시를 살펴보자.

```
>>> sentence = "The cat in the hat."
>>> sentence [0]
't'
>>> sentence [0:3]
'The'
```

문자 자료형은 값이 연속적으로 이어진 자료형이고, Python에서는 이러한 연속적으로 이어지는 자료형을 시퀀스(sequence) 유형이라고 부른다. 시퀀스 유형에는 문자 자료형 외에도 리스트, 튜플 등의 여러 가지 자료형들이 속한다. 시퀀스 유형에 대한 본질적인 설명은 조금 뒤에서 할 예정이다.

다음 섹션에서는 문자 자료형의 주요 기능들을 살펴볼 것이다. 이 책은 인공지능을 위한 Python의 기초 지식을 쌓는 게 목적이기 때문에 몇 가지 필수 요소를 수박 겉핥기식으로 조금만 더 알아볼 것이다. 더 깊게 공부하고 싶은 학생은 공식 Python 튜토리얼을 참조하면 보다 광범위한 문자 자료형에 대한 설명을 찾아보기를 권장한다.

코드를 작성하다 보면 컴퓨터에서 문서를 작성하는 것과 똑같이 enter와 tab 기능이 필요할 때가 있다. 이는 코딩에서 각각 \n과 \t로 표현할 수 있다. 여기서 n은 new line(개행) t는 tab(들여쓰기)를 의미한다.

```
#  '\n'를 통해 개행한다.
>>> print("hi…\n...bye")
hi…
...bye
```

삼중 따옴표를 사용하면 블록 문자열을 작성할 수 있다. 즉, 여러 줄에 텍스트를 포함 할 수 있으며 모두 여전히 하나의 문자 자료형으로 처리된다.

```
# 삼중 따옴표를 사용해 여러 줄에 걸친 문자열을 작성할 수 있다.
>>> x = """ I am a string.
I am part of the same String.
      me… too!"""

>>> x
'I am a string.\nIam part of the same string.\n       me… too!'
```

Python에는 문자 자료형에 사용할 수 있는 함수들이 많이 내장되어 있다. 공식 사이트를 통해 직접 살펴보는 것을 강력히 권장하며, 몇 가지를 소개하자면 아래와 같다. (https://docs.python.org/3/library/stdtypes.html#string-methods)

```
# 문자 자료형에 사용할 수 있는 몇 가지 내장 함수
>>> "hello".capitalize()
'Hello'
# "..."를 사용해 문자 객체 목록에 적용
>>> "...".join(["item1", "item2", "item3"])
'item1...item2...item3'
# ","이 등장할 때마다 문자 객체를 분할
>>> 'item1, item2, item3'.split(", ")
['item1', 'item2', 'item3']
# 이 문자 객체가 ".py"로 끝나는가?
>>> "script.py".endswith(".py")
True
#이 문자가 "sc"로 시작하는가?
>>> "script.py".startswith("sc")
True
# "서식" 필드 {}에서 문자 객체 삽입
>>> "x :{}, y: {}, z: {}".format(3.2, 8.4, -1.0)
'x: 3.2, y: 8.4, z: -1.0'
#문자 객체의 문자가 숫자인가?
>>> "7".isdigit()
True
```

Python은 문자열을 형식화하기 위한 여러 구문을 제공한다. 이를 통해 코드 형식으로 변수를 문자열에 삽입할 수 있고, 숫자의 소수점 자릿수를 제어할 수 있다. 아래의 예시들을 통해서 다양한 문자열 형식화 기법들을 살펴보자.

Python의 문자열 형식 지정에 대한 철저하고 직관적인 방법을 확인하기 위해 https://pyformat.info/를 참조할 수 있다.

Python 3에서는 이를 위해 "format" 방법을 활용할 수 있다.

```
# 'format'을 사용해 자리 표시자를 값으로 대체
>>> "{name} is {age} years old".format(name="Bruce", age=80)
'Bruce is 80 years old'

# 8자 이상이 되도록 선행 공백으로 문자열 채우기
>>> "{item:>8}".format(item="stew")
'    stew'
```

동일한 효과로 문자열을 형식화하기 위해 암호 % 연산자를 사용할 수 있다. 하지만 이는 Python 2에서 사용되던 구문이기 때문에 사용하지 않는 것이 좋다.

```
# '%'를 사용하여 문자열 형식 지정 (사용하지 마십시오.)
>>> name = "Selina"
>>> "My name is %s" % name
'My name is Selina'
```

Python 3.6 이상을 사용하는 경우, f-문자열을 통해 매우 편리하게 문자열 형식을 지정할 수 있다. 다음은 f-문자열의 예시이다.

```
# 'f-문자열'의 예시
>>> batman = 12
>>> catwoman = 10
>>> f"Batman has {batman} apples. Catwoman has {catwoman} apples.
Together, they have{batman + catwoman} apples"
'Batman has 12 apples. Catwoman has 10 apples. Together, they have 22
apples'
```

f-문자열은 따옴표 앞에 소문자 f를 붙여줌으로써 실행할 수 있다.

```
#전형적인 빈 문자열
>>> ""
''
```

```
# 빈 f- 문자열
>>> f""
''
```

f-문자열은 우리가 문자열 안에 Python 코드를 작성할 수 있게 해준다. 중괄호 { } 내의 모든 표현 식은 Python 코드로 실행되고 결괏값은 문자열로 변환되어 해당 위치의 f-문자열에 삽입된다.

```
>>> x = 7.9
>>> f"x is a {type(x)}-number. Its value is {x}. The statement 'x is
greater than 5' is {x > 5}"
"x is a < class 'float'>-number. Its value is 7.9. The statement 'x
is greater than 5' is True"
```

앞의 예제에서 볼 수 있듯이 우리가 문자열에 변수를 포함할 수 있게 하고 문자열 생성 구문 내에서 함수 호출과 같은 일을 할 수 있게 한다.

2.2.5 목록 자료형(Lists)

목록 자료형은 다른 객체의 목록을 저장할 수 있는 Python 객체 유형이다. 주요 특징 중 하나는 목록 자료형을 생성한 이후에도 목록에 속하는 객체를 업데이트 할 수 있다는 것이다.

목록 객체는 대괄호를 사용하여 생성되며 각 객체는 [item1, item2, ..., itemN]과 같이 쉼표로 구분된다. 각 객체가 동일한 유형의 객체 일 필요는 없다.

```
# 목록 자료형은 여러 유형의 객체들을 배열해 저장한다.
>>> [3.5, None, 3.5, True, "hello"]
[3.5, None, 3.5, True, 'hello']

>>> type([1, 2, 3])
list

>>> isinstance([1, 2], list)
True
```

```
# 빈 목록 자료형을 생성할 수 있다.
>>> []
[]

# 하나의 객체를 목록 자료형으로 생성할 수 있다.
>>> ["hello"]
["hello"]
```

목록 생성자에 변수, 방정식 및 기타 Python 표현 식을 포함할 수도 있다. Python은 이러한 표현 식들의 연산을 진행한 후, 그 결과값을 하나의 객체로 삼아 목록을 구성한다.

```
#목록 자료형은 표현식을 단순화하고 결과 객체를 저장한다.
>>> x = "hello"
>>> [ 2 < 3, x.capitalize(), 5**2, [1, 2]]
[True, 'Hello', 25, [1, 2]]
```

내장 목록 유형은 다른 유형의 시퀀스(일반적으로 추후 설명할 반복 가능한 객체)를 목록으로 변환하는 데 사용할 수 있다.

```
#'list'는 다른 시퀀스의 내용으로 목록을 형성하는 명령어다.
>>> list("apple")
['a', 'p', 'p', 'l', 'e']
```

2.2.5.1 목록과 시퀀스

문자 자료형과 마찬가지로 값이 연속적으로 이루어져 있기 때문에 목록 내용의 순서가 중요하다. 목록 자료형은 순차적인 특성을 지니기 때문에, 같은 값으로 구성되어 있더라도 순서가 다르다면, 두 목록은 서로 다르다.

```
# 목록의 순서
>>> [1, "a", True] == [1, True, "a"]
False
```

따라서 목록은 문자열과 마찬가지로 인덱싱 및 슬라이싱을 통해 객체에 액세스하는 동일한 메커니즘을 지원한다. 인덱싱(indexing)과 슬라이싱(slicing)은 다음 섹션에서 자세히 다룰 것이다.

```
# 인덱싱 및 슬라이싱을 사용하여 목록의 내용에 접근할 수 있다.
>>> x = [2, 4, 6, 8, 10]

# 목록 'x'는 5개의 항목을 가지고 있다.
>>> len(x)
5

# "인덱싱"을 통해 목록의 0번째 항목에 접근할 수 있다.
>>> x[0]
2

# "슬라이싱"을 통해 목록의 하위 시퀀스에 접근할 수 있다.
>>> x[1:3]
[4, 6]
```

2.2.5.2 목록 자료형의 "변형"

목록 자료형의 큰 특징은 목록이 이미 생성된 후에도 목록의 내용을 변경할 수 있다는 것이다. 따라서 목록은 변경 가능한 객체의 예시라고 할 수 있다.

```
# 이미 구성된 목록을 변경
>>> x = [2, 4, 6, 8, 10]
>>> y = [2, 4, 6, 8, 10]

# 문자열 'apple'을 'x'의 1번 위치에 "설정"
>>> x[1] = "apple"
>>> x
[2, 'apple', 6, 8, 10]
```

목록 기능인 "추가(append)" 및 "확장(extend)"을 사용하여 목록 끝에 각각 하나의 항목과 여러 항목을 추가할 수 있다.

```
>>> x = [2, 4, 6, 8, 10]

# 'append'를 사용하여 목록 끝에 단일 객체를 추가한다.
>>> x.append("moo")
>>> x
[2, 4, 6, 8, 10, 'moo']
```

```
# 목록 끝에 항목 시퀀스를 추가하려면 'extend'를 사용하면 된다.
>>> x.extend([True, False, None])
>>> x
[2, 4, 6, 8, 10, 'moo', True, False, None]
```

“팝(pop)” 기능을 사용하면 목록 내 특정 위치에 있는 객체를 목록에서 제거할 수 있다. “제거(remove)” 기능을 사용하면 목록 내 특정 객체를 지정하여 목록에서 제거할 수 있다.

```
>>> x = ["a", "b", "c", "d"]

# 'pop' 기능을 통해 목록의 1번 위치에 있는 객체를 제거하고
# 제거된 객체를 반환한다.
>>> x.pop(1)
'b'

>>> x
['a', 'c', 'd']
# 목록에서 개체 "d" 제거
>>> x.remove("d")
>>> x
['a', 'c']
```

2.3 시퀀스 유형(Sequence)

다음은 모두 시퀀스의 예시이다.

```
>>> x = ["a", "b", "c", "d"]

# 시퀀스의 예시

# 목록 자료형
[0, None, -2, 1]

# 문자 자료형
"hello out there"

# 튜플 자료형
("a", False, 0, 1)
```

```
# NumPy 배열
numpy.darray([0.2, 0.4, 0.6, 0.8])>>> x
['a', 'c']
```

객체들의 나열을 가지고 작업을 수행할 수 있다는 것은 정말 중요하다. 위에서는 Python 언어에 두 가지 중요한 객체인 목록 자료형과 문자 자료형에 대해 살펴보았다. 두 자료형은 수용할 수 있는 데이터의 종류가 서로 다르지만, 시퀀스 유형이라는 공통점을 가지고 있다. 시퀀스 유형은 유한한 개수의 객체들을 정해진 순서에 따라 저장한다. (예 : "cat"과 "tac"은 서로 다른 객체다.) 이러한 시퀀스 유형을 위하여 Python은 사용자가 시퀀스 객체를 검사, 검색, 요약할 수 있는 공통 인터페이스를 제공한다.

이 섹션에서는 다음 내용을 다룰 것이다.

- 또 하나의 시퀀스 유형인 튜플에 대해 알아본다.
- 시퀀스의 내용을 검사하고 요약하는 데 사용할 수 있는 공통 인터페이스를 알아본다.
- 시퀀스에서 특정 항목이나 하위 시퀀스에 접근할 수 있게 해주는, Python의 색인 체계에 대해서 자세히 살펴본다.

2.3.1 튜플 자료형(Tuples)

마지막으로 배워볼 시퀀스 유형은 튜플 자료형이다. 튜플 자료형은 임의의 객체 시퀀스(숫자, 문자열, 목록, 기타 튜플 등의 혼합)를 저장할 수 있다는 점에서 목록과 매우 유사하다. 목록 자료형은 대괄호로 표기하지만, 튜플의 경우 소괄호로 표기한다는 차이를 갖는다.

```
# 튜플 자료형 생성
>>> x = (1, "a", 2)  # 3개 항목으로 이루어진 튜플

# (3) 하나의 항목으로 튜플 자료형을 만들지 않는다.
# 이 경우, 하나의 객체 뒤에 쉼표를 표기해야 한다.
>>> y =(3,)            # 1개 항목으로 이루어진 튜플

>>> type(x)
```

```
tuple

>>> isinstance(y, tuple)
True
```

2.3.2 다양한 유형 파악하는 법

isinstance를 활용하여 한 번에 여러 유형을 확인할 수 있다.

```
isinstance(x, (tuple, list, str))
```

x가 튜플인지 목록인지 또는 문자열인지 확인한다.

목록 자료형과 튜플 자료형의 가장 큰 차이점은, 튜플 자료형의 경우 생성 이후에 변경될 수 없다는 점이다. 목록 자료형의 경우, 내부의 객체를 추가하고 삭제하고 수정하는 등의 작업이 가능했지만, 튜플 자료형에서는 그러한 작업들이 불가능하다. 따라서, 튜플 자료형은 데이터 시퀀스의 변경을 방지하는 데 유용하게 쓰인다. 또한, 튜플 자료형은 그 크기가 변하지 않는 불변성을 지니기에 일반적으로 목록 자료형보다 적은 메모리를 소비한다.

```
# 목록의 내용을 변경할 수 있다.
# "변경 가능"하다.
>>> x = [1, "moo", None]
>>> x[0] = 2
>>> x
[2, 'moo', None]
# 튜플의 내용은 변경할 수 없다.
# "변경 불가능" 하다.
>>> y =(1, "moo", None)  # (a, b, …) 명령어로 튜플 자료형을 생성할 수 있다.
>>> y[0] = 2
TypeError: 'tuple' object does not support item assignment
```

tuple 함수를 사용하여 다른 시퀀스 유형을 튜플로 변환할 수 있다.

```
# 'tuple'은 다른 시퀀스에서 튜플을 만들 수 있다.
>>> x = [2, 4, 8]
```

```
>>> y = tuple(x)
>>> x
[2, 4, 8]
>>> y
(2, 4, 8)
```

2.3.3 시퀀스의 다양한 기능

아래는 목록, 튜플, 문자 자료형 등의 Python의 다양한 시퀀스들이 공통으로 갖는 인터페이스를 소개하고 있다. 이 인터페이스를 통해 시퀀스에서 객체를 검사, 요약, 결합, 검색할 수 있다.

객체가 시퀀스 내에 포함되어 있는지 확인하는 법 : obj in seq

```
# 객체가 시퀀스 내에 포함되어 있는지 확인하기 위해 'in' 과 'not in'을 사용한다.
>>> x = (1, 3, 5)
>>> 3 in x
True
>>> 0 in x
False
>>> 0 not in x
True
# 문자 자료형은 하위 시퀀스의 객체를 확인할 수도 있다.
>>> "cat" in "the cat in the hat"
True
# 다른 유형의 시퀀스는 하위 시퀀스의 객체를 확인할 수 없다.
>>> [1, 2] in [1, 2, 3, 4]
False
# 목록 [1, 2]는 전체 목록에 포함되는 여야 된다
>>> [1, 2] in [None, [1, 2], None]
True
```

시퀀스 합치는 법 : seq1 + seq2

```
#      '+'를 통해 시퀀스를 합칠 수 있다.
>>> [1, 2] + [3, 4]  # 새 목록 자료형 생성
[1, 2, 3, 4]
```

```
>>> "c" + "at"
"cat"
```

시퀀스에 포함된 객체들의 수를 불러오는 법 : len(seq)

```
# 시퀀스의 길이(구성 개체 수)를 불러올 수 있다.
>>> len("dog")
3

>>> len(["dog", "dog"])
2

>>> len([])
0
```

시퀀스에서 x가 처음 나타나는 인덱스 가져오는 법 : seq.index (x)

```
>>> "cat cat cat".index("t")  # 't' 는 index-2에서 처음 나타난다.
2

# 'index' 함수는 시퀀스 내부의 시퀀스의 개별 항목까지 살피지는 않는다.
# 예시: 1, 2, "m", "o", "o" 와 같은 방식이 아닌 1, 2, and "moo"와 같은 방식으로
접근한다.
>>> [1, 2, "moo"].index("m")
ValueError: 'm' is not in list
```

시퀀스에 x가 몇 개 존재하는지 계산하는 법 : seq.count(x)

```
>>> "the cat in the hat".count("h")
3

# 'count' 함수 또한 시퀀스 내부의 시퀀스의 개별 항목까지 조사하지는 않는다.
# 따라서 아래와 같이 각 항목 내에 포함된 1은 찾지 않고 개별 객체 1이 몇 개이는지를 찾아낸다.
>>> [1, [1, 2], "111", 1].count(1)
2
```

2.3.4 인덱싱 및 슬라이싱

우리는 인덱스를 지정하여 시퀀스 내 특정 객체에 접근할 수 있다. 여타 프로그래밍 언어들과 마찬가지로 Python에서는 index-0은 시퀀스의 첫 항목을, index-1은 시퀀스의 두 번째 항목을 반환한다.

```
# 인덱싱을 통해 시퀀스의 개별 항목에 접근
>>> x = "abcdefg"
>>> x[0]
"a"

>>> x[2]
"c"
```

또한 시퀀스를 "slice" 하여 시작 인덱스와 끝 인덱스를 지정하여 그만큼의 하위 시퀀스를 반환할 수 있다.

```
# 시퀀스를 "slicing"하면 특정 범위의 하위 시퀀스가 생성된다.
>>> x[0:3] # 항목 0, 1, 2 포함 (3은 제외)
"abc"
```

인덱싱 및 슬라이싱을 사용하여 시퀀스의 항목 및 하위 시퀀스에 접근하는 방법을 이해하는 것은 매우 중요하다. 이 인덱싱 체계는 NumPy 배열 작업에도 나타난다. 계속해서 Python의 인덱싱 및 슬라이싱 메커니즘에 대해 자세히 살펴보자.

2.3.4.1 인덱싱

Python에서는 시퀀스 내 특정 개체의 위치를 나타내는 정수인, 인덱스를 활용하여 시퀀스에서 각 객체를 검색할 수 있다. Python은 시퀀스 내 객체들에 대해 0부터 차례로 인덱스를 부여하며, 음의 정수를 활용하여 시퀀스의 끝 부분부터 접근할 수 있도록 한다. "Python"이라는 문자열을 예시로 들어보겠다. 다음 다이어그램은 Python 문자열 내 객체들의 인덱스를 보여준다.

```
+---+---+---+---+---+---+
| P | y | t | h | o | n |
+---+---+---+---+---+---+
  0   1   2   3   4   5
 -6  -5  -4  -3  -2  -1
```

첫 번째 숫자 행은 문자열에서 알파벳 인덱스 0부터 5까지의 위치이다. 두 번째 행은 각 알파벳에 해당하는 음수 인덱스이다.

양의 정수

- 0 → P
- 1 → y
- 2 → t
- 3 → h
- 4 → o
- 5 → n

음의 정수

- −6 → P
- −5 → y
- −4 → t
- −3 → h
- −2 → o
- −1 → n

위와 같은 인덱싱 체계 하에서는, Python의 "get-item" 명령어인 seq[index]의 형식으로 시퀀스 내 특정 객체에 접근할 수 있다.

```
# 시퀀스에서 인덱싱을 사용해보자
>>> x = [1, 2, 3, 4]

# 아래는 "get-item" 명령어이다.
>>> x[0]      # 시퀀스의 첫 항목의 위치는 0부터 시작한다.
```

```
1

>>> x[-4]      # 각 항목을 양수 또는 음수로 나타낼 수 있다.
1

>>> x[-1]      # 음의 인덱싱은 시퀀스의 끝을 기준으로 한다.
4

>>> "cat"[2]  # 시퀀스 객체를 직접 지정해 인덱싱 할 수 있다.
't'

>>> (True, False)[-1]
False
```

2.3.4.2 슬라이싱

위에서 살펴본 인덱싱 체계에 따라, 시퀀스를 분할하여 하위 시퀀스를 검색할 수 있다. 하위 시퀀스에 어떤 개체들을 담을지에 대해서는 아래의 3가지 항목들을 기반으로 결정된다.

- **시작 인덱스** : 슬라이스가 시작되는 시퀀스 위치(이 항목은 차출될 슬라이스에 포함됨).
- **끝 인덱스** : 슬라이스가 끝나는 시퀀스 위치(이 항목은 차출될 슬라이스에서 제외됨).
- **단계적 크기** : 지정한 범위 내의 모든 항목 또는 다른 항목 등을 가져올 수 있음. 음의 스텝 크기를 사용하면 시퀀스를 끝에서부터 순서대로 검색하게 되는 점에 유의하자.

슬라이싱의 기본 명령어는 다음과 같다. seq [start : stop : step], 콜론 (:)을 사용하여 시작, 끝, 단계 값을 구분한다.

```
# 기본적인 슬라이싱 방법
>>> seq = "abcdefg"

# start:0, stop:4, step:1
>>> seq[0:4:1]
'abcd'
```

```
# start:1, stop:4, step:1
>>> seq[1:4:1]
'bcd'

# start:0, stop:5, step:2
>>> seq[0:5:2] # [시작, 중지] 내의 모든 항목을 반환한다.
'ace'

# 동일한 인덱스를 시작과 끝으로 지정하면 빈 시퀀스가 생성된다.
# start:0, stop:0, step:1
>>> seq[0:0:1]
''
```

슬라이싱의 시작, 끝, 단계의 기본값은 다음과 같다.

- 시작 : 0
- 끝 : len (seq)
- 단계 : 1

```
# 시작, 끝, 단계의 기본값 사용
>>> seq = "abcdefg"

# start: 0, stop: 7, step: 1
>>> seq[:]  # 'seq[None:None]'와 동일
'abcdefg'

# start: 0, stop: 7, step: 2
>>> seq[::2]
'aceg'
```

시작 인덱스, 끝 인덱스, 단계적 크기 3가지 값들을 위와 같이 생략함으로써 기본 값을 사용할 수도 있다. 특히 두 번째 콜론과 단계적 크기의 경우 완전히 생략할 수 있으며, 이때 단계적 크기는 1로 설정된다.

슬라이스에 음수 값을 사용할 수도 있는데 음의 단계 값을 지정하면 슬라이스가 시퀀스를 역순으로 검색하게 된다. 이 경우 시작과 끝의 기본값이 변경되어 seq [::-1]이 역순으로 시퀀스가 생성된다.

```
# 음의 단계 크기를 사용하면 시퀀스의 순서가 반전된다.
>>> seq[::-1]
'gfedcba'
```

이처럼 슬라이스에 음수의 시작과 끝값을 지정하면 목록의 끝을 기준으로 인덱스를 나타낼 수 있다.

```
# 시퀀스의 마지막 두 값을 반환하는 슬라이스
>>> seq[-2:]
'fg'

# 시퀀스의 마지막 두 값을 제외한 모든 값을 반환하는 슬라이스
>>> seq[:-2]
'abcde'
```

슬라이싱에 쓰이는 콜론 명령어, seq [start : stop : step]은 Python 코드 어디에서나 나타난다. 이런 방식뿐 아니라, Python에서는 slice 함수를 통해 슬라이스 객체를 생성할 수 있다.

```
# 'slice' 객체를 명시적으로 사용
>>> seq = "abcdefg"
>>> seq[slice(0, 3, 1)]
'abc'
```

이렇게 하면 슬라이스에 변수를 이용할 수 있기에, 우리는 더욱 창의적인 코드로 슬라이싱을 수행할 수 있다.

```
# 하나의 'slice' 객체를 이용해 여러 시퀀스를 슬라이스할 수 있다.
>>> seq1 = "apple"
>>> seq2 = (1, 2, 3, 4, 5)
>>> seq3 = [True, False, None]

>>> reverse = slice(None, None, -1)

>>> seq1[reverse]
'elppa'
```

```
>>> seq2[reverse]
(5, 4, 3, 2, 1)

>>> seq3[reverse]
[None, False, True]
```

2.3.5 범위를 벗어난 인덱스

범위를 벗어난 인덱스를 사용하여 시퀀스에서 어떤 항목을 가져오려고 하면 IndexError가 발생한다.

```
>>> x = [0, 1, 2, 3, 4, 5] # x는 6개 항목만 포함
>>> x[6]   # 'x'의 7번째 항목에 접근 시도
IndexError: list index out of range

>>> x[-7]
IndexError: list index out of range
```

그러나 슬라이스에 대해 범위를 벗어난 시작 또는 끝값을 지정하면 오류가 발생하지 않고, 지정한 값과 가장 가까운 유효 시작 / 끝값이 대신 사용된다.

```
# 범위 오류에 대한 검사가 시행되지 않는다.
>>> x[:10000]
[0, 1, 2, 3, 4, 5]
```

슬라이스에 대해 범위 검사가 시행되지 않으므로, 실수를 발견하지 못할 수 있다. 오류가 발생하지 않는다고 해서 슬라이스의 시작과 끝값이 적절하게 입력되었음을 의미하지는 않으므로, 유의하도록 하자.

2.4 변수(Variables)

변수를 활용하여 지속적으로 사용될 수 있는 정보 값을 표현할 수 있다. 또한, 변수는 용도에 따라 정보 값을 변경할 수 있는 특성을 지닌다. 예를 들어, 준호 학생의 최근 성적을 표현한다고 생각해보자. 준호가 중간고사에서 90점을 받았다가 기말고사에서 94점을 받았다면, score 변수는 90으로 설정되었다가 94로 변경될 것이며, name 변수는 준호를

나타낼 것이다.

2.4.1 변수의 정의

변수를 선언할 때 지켜야 할 세 가지의 규칙들이 있다.

첫째로, 등호(=)를 사용하여 왼쪽에는 변수명, 오른쪽에는 변수가 가리키는 값을 써야 한다는 점이다.

```
name = "Brian"  # 'name'이 변수 이름
grade = 92      # 'grade'가 변수
```

만약 반대로 등호 왼쪽에 변수가 가르치는 객체의 값, 오른쪽에 변수를 적으면 에러가 발생한다. 변수에 특정한 객체가 선언된 후에는 나머지 작업에 변수를 불러와서 객체의 값을 가르칠 수 있다. 글로 보면 헷갈리지만, 예제를 통해 더 정확히 이해할 수 있을 것이다.

```
name = "Brian"
grade = 92
failing = False

if grade < 60:
    failing = True
with open("student_grades.txt", mode="a") as opened_file:
    opened_file.write("{} | {} | {}".format(name, grade, failing))
```

두 번째는 변수명은 알파벳(a~z, A~Z), 숫자(0~9), 혹은 밑줄(underscore)로만 표현되어야 하며, 숫자로 시작할 수 없다는 점이다.

```
문제 1:
Var (valid, invalid)

문제 2:
_var2 (valid, invalid)

문제 3:
3_1homework (valid, invalid)
```

```
문제 4:
Var2.1 (valid, invalid)

답) valid, valid, invalid (숫자로 시작), invalid (.이 포함)
```

세 번째로, Python에 이미 내장된 함수명들은 변수명으로 사용할 수 없다는 점이다.

- for, while, break, pass, continue
- in, is, not
- if, else, elif
- def, class, return, yield, raises
- import, from, as, with
- try, except, finally

2.4.2 변경 가능한 객체(mutable)와 변경 불가능한 객체(immutable)

변경 가능한 객체는 값을 바꿀 수 있는 객체를 뜻한다. 어떤 경우에 객체의 값이 변경 가능한지 숙지해두면 좋을 것이다.

- Mutable : 리스트(list), 딕셔너리(dictionaries), 집합(sets), NumPy의 배열(ndarray)
- Immutable : 숫자(number), 문자열(string), 튜플(tuple)

다음은 리스트의 값을 바꾸는 과정을 보여주는 예제이다.

```
>>> x = [1, 2, 3]
>>> x[0] = -4  # replace element-0 of 'x' with -4
>>> x
[-4, 2, 3]
```

X라는 리스트는 [−4, 2, 3]라는 값을 최종적으로 갖고 있다. 즉, 새로운 리스트가 만들어진 게 아니라 기존 리스트에서 element-0의 값이 바뀐 것이다.

반면, 튜플의 경우 값이 갱신되지 않는다.

```
>>> x = (1, 2, 3)
>>> x[0] = -4 # element-0에 -4가 대입되지 않는다.
---------------------------------------------------------------------------
TypeError                                 Traceback (most recent call last)
<ipython-input-11-a858573fdc63> in <module>()
      1 x = (1, 2, 3)
----> 2 x[0] = -4 # element-0에 -4가 대입되지 않는다
```

Python에서는 다른 기존 변수를 다른 변수에 할당하는 것이 가능하다. 이렇게 하면 변수가 동일한 객체를 참조(reference)하게 된다. 동일한 객체를 참조한다는 것이 어떤 의미인지 아래 리스트를 이용한 예시를 통해 살펴보자.

```
>>> list1 = [1, 2, 3]
>>> list2 = list1

>>>print(list1)
[1, 2, 3]

>>>print(list2)
[1, 2, 3]

>>> list1.append(4)
>>>print(list1)
[1, 2, 3, 4]
>>>print(list2)
[1, 2, 3, 4]
```

여기서 list1과 list2는 동일한 리스트는 아니지만 같은 메모리를 가리킨다. 따라서 list1에 4를 추가하는 명령을 통해 list1의 값이 변경되면, list2도 똑같이 변경된다.

```
>>> list1 = [1, 2, 3]
>>> list2 = [1, 2, 3]

>>> list1.append(4)
>>>print(list1)
[1, 2, 3, 4]
```

```
>>>print(list2)
[1, 2, 3]
```

반면 위와 같은 예시에서는 list1과 list2가 동일한 값을 갖지만, 서로 가리키는 시스템 메모리가 다르다. 이럴 경우, 각자의 값 변경은 서로에게 영향을 주지 않는다.

2.5 흐름 제어의 소개(Introducing Control Flow)

지금까지 배운 내용들은 대부분 첫 줄부터 마지막 줄까지 순차적으로 전부 실행되었을 것이다. 그러나 만일 실행되는 코드를 제어할 수 있다면 편리하지 않을까? 예를 들어, 횡단보도를 건너는 로봇을 만든다고 생각해보자. 그러면 빨간 불일 때는 건너지 말고, 초록 불일 때는 건널 수 있도록 구현해야 할 것이다. 즉, 신호등의 상태에 따라 실행되는 코드가 달라져야 하는 것이다. 이러한 행위를 우리는 흐름 제어(Control Flow)라고 부른다.

흐름 제어를 살펴보기에 앞서, 이 부분이 정말 중요하다는 점을 강조하고 싶다. 흐름 제어를 잘 숙지해야 후일에 코드를 수월하게 작성할 수 있을 것이다. 기본적인 제어 방식은 대부분의 프로그래밍 언어가 유사하기에 이번 기회를 통해 잘 학습할 수 있기를 바란다. 뒷부분에서 배우는 조건문과 반복문 또한 "흐름 제어"의 효율성을 높이기 위해 존재한다. 다음의 몇몇 예시들을 통해 흐름 제어가 어떤 것인지 감을 잡아보도록 하자.

3의 배수인 m과 n 사이에 있는 숫자의 개수

```
def cnt_div_by_3(m, n):
    """ Counts how many numbers in the interval [m, n] are divisible by 3. """
    count = 0
    for num in range(m, n + 1):
        if num % 3 == 0:
            count += 1
        else:
            pass
    return count
```

위 예시를 보고 한 번 고민해보자. 어떻게 하면 더 간결하고 효율적으로 코드를 구성할 수 있을까?

- def cnt_div_by_3(m, n): 함수를 정의해 주는 과정
- for num in range(m, n + 1): 반복문을 통해 원하는 코드를 특정한 값 사이에서 반복함
- if num % 3 == 0:와 else는 조건문으로서 특정한 조건을 충족할 때만 실행함

코드 작성은 아직 버거울지라도, 어떤 방식으로 위 예시 코드를 바꿀 수 있을지 꼭 고민해보자. 본격적으로 여러 유형의 조건문과 반복문들을 살펴보기 전에, Python만의 몇몇 특징들에 대해 좀 살펴보자. 대부분의 프로그래밍 언어들과 원리는 유사하지라도, 표현 방식에 있어 약간의 차이가 있기 때문이다.

Python에서는 공백을 통해 본문을 구분한다. 다음 코드를 통해 들여쓰기를 이용해 if문의 시작점과 끝점을 구분하는 것을 살펴보자.

```
x = 1
if x > 10:
    # if문 안으로 들어왔다. 4개의 스페이스 공백을 통해 구분할 수 있다.
    x = x + 1
# if문의 끝 지점이다. 앞에 들여쓰기가 없는 것으로 구분할 수 있다.
x = x + 3
```

그렇다면 for 문 안에 if 문을 사용하고 싶으면 어떻게 구분할 수 있을까? Python의 공백을 이용한 들여쓰기 구분법은 딱 세 가지 규칙만 기억하면 된다.

- 한 개 이상의 공백도 구분하는 데에는 충분하다. 즉, 위 예시는 4개의 스페이스 공백을 썼지만, 이 개수는 구분하는 데에는 무관하다. 하지만 표준 개수는 4개로 약속되어 있기 때문에, 이를 준수하는 것을 강력히 권장한다.
- 공백의 개수가 다르면 다른 "레벨"이라고 표현할 수 있다. 즉, 위 질문에서 if문이 for문 안에 있는 상황에서는 if문 공백을 for문 앞에 있는 공백보다 1번 이상 추가로 입력해야 구분이 가능하다.
- 들여쓰기를 사용하는 시작점부터 그 끝을 알리는 지점까지 공백의 개수가 동일해야 한다. 즉, for문 안에 있는 if와 else는 같은 레벨에 있어야 한다.

위의 세 가지 규칙만 잘 기억해두자. 처음에 소개했던 예시를 다시 꺼내 보면 이 세 가지 규칙을 준수하고 있다는 것을 확인할 수 있다.

```
def cnt_div_by_3(m, n):
    """ Counts how many numbers in the interval [m, n] are divisible by 3. """
    count = 0
    for num in range(m, n + 1):
        if num % 3 == 0:
            count += 1
        else:
            pass
    return count
```

아래 코드가 Python에서 오류 없이 잘 실행되는지 직접 확인해보자. 답을 확인하기 전에 꼭 직접 디버깅(debugging)을 해보자.

코드 1

```
if True:
 x = 1  # one space
 y = 2  # one space
```

[문제점]

코드 2

```
def my_func(x):
    x = x+1 #four spaces
        y=3  #eight spaces
```

[문제점]

코드 3

```
if True:
    x = 3  # four spaces
    y = 2  # four spaces
```

```
else:
  x = 2  # two spaces
  y = 1  # two spaces
```

[문제점]

코드 4

```
for i in [1, 2, 3, 4]:
    if i == 2 or i == 4:  # four spaces
        x = "even"        # eight spaces
    else:                 # four spaces
        x = "odd"         # eight spaces
```

[문제점]

답

문제 1: 실행시키는데 문제는 없지만 4개의 공백을 사용하자는 것을 다시 한번 강조하고 싶다. 이런 식으로 1개의 스페이스만 쓴다면 공백이 있는지 없는지 헷갈리기 쉽다.

문제 2: x, y가 동일한 레벨에서 작성되지 않았다.

문제 3: else 내의 코드들은 모두 동일한 레벨에 있어서, 정상적으로 실행된다. 그러나 위에서 설명한 것처럼, 표준적인 공백의 개수가 4개이므로 4개의 공백을 사용하는 것을 강력히 권장한다.

문제 4: 문제없다.

2.6 조건문(Conditional Statement)

본 섹션에서는 'if', 'else', 'elif'문의 사용법에 대해 알아볼 것이다. 이 조건문을 통해 사용자가 설정한 조건이 충족될 때만 함수가 실행하도록 코드를 작성할 수 있게 된다. 반대로 조건이 충족되지 않은 경우에만 어떠한 함수를 실행시킬 수도 있다.

```
if x < 0:
    x = x ** 2
else:
    x = x ** 3
```

위와 같이 x가 음수일 때 제곱값을 구하고, 양수일 때 세제곱값을 구하는 함수도 구현할 수 있다.

2.6.1 비교연산자

비교 연산자는 앞서 2.2.1 숫자 자료형 표 1을 통해 소개하였으며, 그 중 '='와 '=='의 차이점에 대해서도 다루었다. 복습하자면 '='는 복합 대입 연산자이며, 반면에 '=='는 동등성을 비교하는 연산자이다. 이 섹션에서는, 새로운 비교 연산자인 'is' 연산자를 소개한다. 'is' 연산자는 비교하고자 하는 두 변수가, 서로 동일한 변수인지 비교하기 위해 사용된다. 다음 예시를 통해 구체적으로 이해해보자.

```
>>> x = [1, 2, 3]
>>> y = [1, 2, 3]

>>> x == y
True

>>> x is y
False
```

x라는 변수에 '=' 연산자를 통해 값을 대입해 준다. x와 y는 동등한 값을 갖기 때문에, '==' 연산자로 두 변수를 비교했을 때 True가 반환된다. 하지만 'is'를 통해 동일성을 비교하면 False가 반환된다. 왜냐하면, 변수 x와 y가 가지는 값은 같더라도 서로 다른 변수(리스트)이기 때문이다. 두 변수에 할당되어 있는 메모리 공간이 서로 다르므로, 'is' 연

산자를 통해 동일성을 비교하면 False가 반환된다.

2.6.2 불리언 연산자

논리 연산자, 혹은 불리언 연산자도 앞에 다뤘던 기억이 있을 것이다. 참과 거짓은 각각 1과 0으로 표현되고 이 두 원소만으로 갖춰진 집합이었던 것을 기억하는가? 빠르게 이 교재를 훑어보게 되면 앞에 배운 내용이 기억이 잘 안 날 수도 있다. 하지만 여태 배운 내용을 완벽히 외우지 못하면 나중에 코드를 작성할 대 한계가 있다. 마치 영어 알파벳 중 'a'와 'b'의 존재를 잊고 영어로 편지를 쓰는 것과 같다. 이번 기회를 통해 여태 배운 내용을 다시 한번 살펴보고 오자.

참과 거짓을 숫자로 표현할 수 있기 때문에 다음과 같은 코드도 유용하게 쓰인다.

```
>>> int(False)
0

>>> 3*True - False
3

>>> True / False
```

마찬가지로 불리언 자료형이 아닌 객체도 불리언값으로 표현할 수 있다. 예를 들어, 숫자 0은 거짓을 뜻하고 0이 아닌 숫자는 참을 뜻한다.

```
>>> bool(0)
False
>>> bool(2)
True
```

자료형에 따라 거짓 값을 가질 수 있고 그러지 않을 수 있다는 것을 암시하는 것 같습니다. 따라서 숫자 자료형, 부정 자료형, 문자 자료형, 리스트 등의 자료형을 거짓 값을 가지는지 여부에 따라 비교해볼 수 있을 것이다.

이제, 앞서 살펴본 조건문 개념을 생각하며 'if', 'else', 'elif' 문에 대해 살펴보자. 아래 코드는, 특정 게임에서 체력값에 따라 캐릭터의 상태에 변화를 주는 예시를 나타낸다.

```
if num_health > 80:
    status = "good"
elif num_health > 50:
    status = "okay"
elif num_health > 0:
    status = "danger"
else:
    status = "dead"
```

소개된 이 세 가지 조건문들은 꼭 콜론(:)으로 끝내야 한다. 그렇다면 'if', 'else', 'elif' 세 가지 조건문들을 꼭 동시에 사용해야 될까? 그렇지 않다. 'if'문만 사용할 수도 있으며, 'else'문을 제외한 'if'문과 'elif'문만 사용해도 문제가 없다. 마찬가지로 'elif'문을 제외하고 나머지 두개를 사용해도 상관이 없다. 그러나, 'if'문을 사용하지 않고 'elif'나 'else'문만 사용한다면 오류가 발생하므로 주의해야 한다. 마지막 문장의 의미하는 바를, 아래 예시를 통해 이해해보자.

놀이공원 티켓을 사려고 한다 가정해보자. 매표소에서 가격표를 보니 중학생은 40% 할인, 고등학생은 20% 할인, 두 조건에도 충족하지 못하면 정상가를 지불해야 된다 소개돼 있다. 이를 코드로 작성하면 큰 틀은 이렇게 잡을 수 있다.

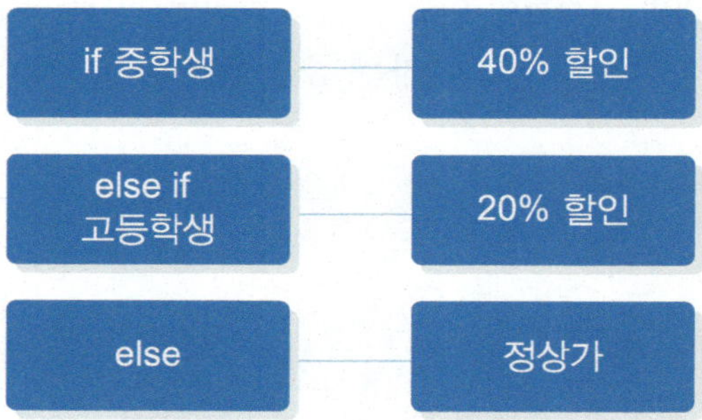

그림 2.2

'elif'와 'else'문을 없애도 충분히 위에 조건대로 글을 작성할 수 있다. 여러 가지의 'if'문을 통해 나이가 만 14~16세이면 40%, 17~19세이면 20%, 혹은 나이가 14세보다 작고 19세보다 크면 정상가를 지불하도록 작성해볼 수 있다. 하지만 if문 없이 'elif'문과 'else'

문으로는 이를 표현할 수 없다.

조건문 역시 Python의 기본적인 형식을 따라야 하며, 'if'와 'else'는 동일한 레벨에 사용해야 함을 2.4 흐름 제어에서 언급한 바 있다. 그러나, 사용자의 편의를 위해 'if'와 'else'를 합쳐서 한 줄로 표현하는 것도 가능하다. 다음 예시를 통해 확인해보자.

```
>>> x = 2
>>> my_list = [1 if x >= 0 else 0]
>>> my_list
[1]

>>> "a" if x == 1 else "b"
'b'
```

그렇다고 해서 이 습관을 기르는 것은 좋지만은 않다. 다음과 같은 코드의 경우, 매우 읽기 어려운 형태로 작성되어 이해하기 어렵기 때문이다.

```
2 - 3 if x < 1 else 1 + 6*2 if x >= 0 else 9
```

상황에 따라서 한 줄로 조건문을 표현하는 것을 프로그래머들인 여러분이 직접 판단해야 된다. 그 판별력은 연습을 통해 기를 수밖에 없다.

조건문에 대해서 어느 정도 이해가 됐으면 이제 단축 평가(Short Circuit Evaluation)에 대해서 알아볼 차례다. Python에서는 논리 연산자 중 결과값이 확정되면 그 후에 작성된 부분에 대한 논리를 검정하지 않는다. 즉, 단축된 부분만 평가하고 결과를 반환하는 것이다. 예를 들어, 'A and B'라는 조건문을 사용했을 때 A가 'False'라면, 나오면 B의 참/거짓 여부와 상관없이 False가 반환된다. 더 정확히는, 뒷부분이 True인지 False인지 확인을 안 하고 단축 평가에 의해 False를 반환할 것이다.

단축 평가 기능을 통해 더 간결하게 코드를 작성할 수 있다. 예를 들면 문장의 첫 문자인 x라는 변수가 소문자일 때 "grammatical error"를 출력하고 싶다고 생각해보자.

```
if x.islower():
    print("'x' grammatical error")
```

위 코드에는 문제점이 있다. 변수 x가 꼭 문자형이라고 보장할 수 없기 때문이다. 따라서 두 개의 'if'문을 통해 다음과 같이 작성할 수 있다.

```
if isinstance(x, str):
    if x.islower():
        print("'x' grammatical error")
```

이제 위에 단축 평가에 대해 학습을 했으니 위에 표현된 코드를 더 간결하게 직접 써보는 연습을 해보자.

문제 hint: 'and'를 이용해라

답

```
if isinstance(x, str) and x.islower():
    print("'x' grammatical error")
```

위 if 문에서는, x가 문자형이 아니라면 소문자인지 확인하지 않고 false를 반환할 것이다. 이런 식으로 단축 표현을 사용해 코드를 간결하게 작성할 수 있다. 더 나아가, 코드를 읽는 사람의 입장에서도 가독성이 높아진다.

2.7 For문과 While문

본 섹션에서는 특정 코드 덩어리를 반복해서 실행할 수 있는 '반복문'들을 배우게 된다. 크게 For문과 While문이 있으며 각각에 대한 설명과 더불어 이런 반복문들과 함께 사용하는 break, continue, else와 같은 문법들에 대해서도 다룬다.

2.7.1 For문

여러 item들로 이루어진 집합(iterable)을 생각해보자. For문은, 집합 내의 각 item에 대해 같은 코드를 반복해서 실행해주는 반복문이다. For문의 구조를 일반화하여 표현하면 아래 코드와 같다. 이 때 for 명령어는 colon(:)으로 끝나야 하며, for문 내부의 body 부분은 들여쓰기를 해주어야 한다.

들여쓰기는 for문 내부임을 알려주는 지표로 작동하기 때문에 for문 내부인 body 부분 작성이 끝나면 다시 들여쓰기를 하지 않은 채로 작성해 for문 외부의 코드를 작성하고 있음을 나타내야 한다.

```
for <var> in <iterable>:
    block of code    ← for문의 "body"
```

이 코드는 아래의 단계를 따라 작동한다.

1) <iterable>에 다음 item를 요구한다.
2-1) <iterable>이 비어있으면, for문을 빠져나온다.
(block of code 부분을 실행하지 않는다.)
2-2) <iterable>이 item를 생성하면, 해당 item를 <var>에 저장한다.
3) block of code 부분을 실행하고 1)로 돌아간다.

실제 예제를 통해서 더 구체적으로 알아보자.

```
# demonstrating a basic for-loop
total = 0
for item in [1, 3, 5]:
    total = total + item

print(total) # 'total' has the value 1 + 3 + 5 = 9
# 'item' is still defined here, and holds the value 5
```

위의 코드는 아래 단계들을 거치게 된다.

1) total이라는 변수를 선언하고 0을 저장한다.
2) list [1,3,5]에서 1을 꺼내와서 item에 1을 저장한다.
3) total에 0+1을 저장한다.
4) list에서 1을 이미 꺼내왔으므로 이번에는 3을 꺼내서 이를 item에 저장한다.
5) total에 1+3을 저장한다.
6) list에서 1,3을 이미 꺼내왔으므로 이번에는 5를 꺼내서 이를 item에 저장한다.
7) total에 4+5을 저장한다.
8) list에서 다시 원소를 꺼내려고 하지만 이미 모든 원소들을 꺼냈기 때문에 for문 내부의 코드를 실행하지 않고 for문을 빠져나온다.

9) `total`의 값인 9를 출력한다.

2.7.2 While문

While문은 특정 조건이 만족될 때, 특정 코드들을 반복해서 실행시키는 반복문이다. While문의 구조를 일반화하여 나타내면 아래와 같다.

```
while <condition>:
    block of code      ← while문의 "body"
```

의미는 "〈condition〉이 True를 리턴하면 block of code를 실행하고, False를 리턴하면 block of code를 실행하지 않고 while loop을 탈출한다"이다. 여기서 〈condition〉은 True나 False를 반환하는 표현이거나 bool(〈condition〉)처럼 bool함수를 호출할 수 있는 객체(Object)가 올 수 있다. 그리고 block of code 부분은 while문의 "body"라고 부르며 while문 내부임을 드러내기 위해 각 줄마다 들여쓰기를 해줘야 한다. 실제 코드를 보면서 어떻게 작동하는지 더 자세히 알아보자.

```
# demonstrating a basic while-loop
total = 0
while total < 2:
    total += 1  # equivalent to: 'total = total + 1'

print(total)   # 'total' has the value 2
```

위 코드는 아래 단계를 거친다.

1) `total`이라는 변수를 선언하고 0을 저장한다.
2) 0 `<` 2이므로 `total < 2`는 `True`를 반환한다: while문의 body로 들어간다.
3) while문의 body를 실행한다: `total`에 `0+1`을 저장한다.
4) 1 `<` 2이므로 `total < 2`는 `True`를 반환한다: while문의 body로 들어간다.
5) while문의 body를 실행한다: `total`에 `1+1`을 저장한다.
6) 2 `=` 2이므로 `total < 2`는 `False`를 반환한다: while의 body를 건너뛴다.
7) total의 값인 2를 출력한다.

2.7.3 break, continue 쓰기

이번 섹션에서는 2.7.1과 2.7.2에서 학습한 for문 및 while문 내에서 사용할 수 있는 break, continue에 대해 학습한다.

- < break >

break는 for문이나 while문같은 반복문의 body에서 사용할 수 있으며 실행 도중 break 명령어를 만나게 되면 break를 감싸고 있는 가장 가까운 반복문을 빠져나온다. 따라서 반복문의 body에서 break 이후의 코드들은 실행되지 않는다.

〈예시 코드〉

```
# breaking out of a loop early
for item in [1, 2, 3, 4, 5] :
    if item == 3 :
        print ( item, " ...break!" )
        break
    print ( item, " ...next iteration" )
```

for문을 예시로 들어서 break가 어떻게 작동하는지 살펴보자.

1) 첫 번째 바퀴(iteration)에서 item이 1이기 때문에 if문에 들어가지 않고 ...next iteration을 출력한다.
2) 두 번째 바퀴(iteration)에서 item이 2이기 때문에 if문에 들어가지 않고 ...next iteration을 출력한다.
3) 세 번째 바퀴(iteration)에서 item이 3이기 때문에 if문에 들어가게 되어 ...break!을 출력하게 된다. 그리고 break를 만나게 되면서 그 이후 코드인 ...next iteration을 출력하지 않은 채 for문을 빠져나가게 된다.

```
1 ...next iteration
2 ...next iteration
3 ...break!
```

예시는 for문을 들어서 설명했지만 while문의 경우에도 마찬가지로 break를 만나게 되면 while문의 body 내에서 break 이후 코드들은 실행하지 않은 채 while문을 탈출하게 된다.

- < continue >

continue는 for문이나 while문 같은 반복문의 body에서 사용할 수 있으며 실행 도중 continue 명령어를 만나게 되면 continue를 감싸고 있는 가장 가까운 반복문 body의 맨 처음 코드부터 다시 실행된다. 따라서 해당 반복(iteration)에서 반복문의 body에서 continue 이후의 코드들은 실행되지 않는다.

〈예시 코드〉

```
#demonstrating a 'continue' statement in a loop
x = 1
while x < 4 :
    print ( "x = ", x, ">> enter loop-body <<" )
    if x == 2:
        print ( "x = ", x, " continue… back to the top of the loop!" )
        x += 1
        continue
    x += 1
    print ( "--reached end of loop-body--" )
```

while문을 예시로 들어서 continue가 어떻게 작동하는지 살펴보자.

1) 첫 번째 바퀴(iteration): x이 1이기 때문에 while문의 condition인 x < 4가 True가 되어 while문의 body가 실행된다.
    i. x = 1 >> enter loop-body <<가 출력된다.
    ii. x는 1이기 때문에 if문 안으로 들어가지 않는다.
    iii. x가 1 증가되고 --reached end of loop-body--가 출력된다.
2) 두 번째 바퀴(iteration): x이 2이기 때문에 while문의 condition인 x < 4가 True가 되어 while문의 body가 실행된다.
    i. x = 2 >> enter loop-body <<가 출력된다.
    ii. x가 2이기 때문에 if문의 조건문이 True가 되어 if문 안의 코드들이 실행된다.
        i. x = 2 continue...back to the top of the loop!을 출력한다.
        ii. x을 1 증가시킨다.
        iii. continue를 만나서 while문 내부에서 continue 이후 코드들은 실행하지 않고 바로 while문의 시작점으로 가서 조건문을 확인한다.

3) 세 번째 바퀴(iteration): x이 3이기 때문에 while문의 condition인 x < 4가 True가 되어 while문의 body가 실행된다.
   i. x = 3 >> enter loop-body <<가 출력된다.
   ii. x는 3이기 때문에 if문 안으로 들어가지 않는다.
   iii. x가 1 증가되고 --reached end of loop-body-- 가 출력된다.
4) 네 번째 바퀴(iteration): x이 4이기 때문에 while문의 condition인 x < 4가 False가 되어 while문의 body가 실행되지 않고 while문을 탈출한다.

```
x = 1 >> enter loop-body <<
--reached end of loop-body--
x = 2 >> enter loop-body << x = 2 continue... back to the top of the loop!
x = 3 >> enter loop-body <<
--reached end of loop-body--
```

- < else >

아래 예시에서 else문은, break를 통해 loop가 종료된 경우에만 실행된다. 코드 실행 결과를 예측해보고, 실제 결과와 비교해보자.

〈예시 코드〉

```
# including an else-clause at the end of the loop
for item in [2, 4, 6] :
    if item == 3:
        print ( item, " ...break!" )
        break
    print ( item, " ... next iteration")
else:
    print ( "if you are reading this, then the loop completed without a 'break'" )
```

```
2  ... next iteration
4  ... next iteration
6  ... next iteration
if you are reading this, then the loop completed without a 'break'
```

2.8 Iterable

2.8.1 Iterable이란?

Iterable은 한 번에 한 member씩 반환할 수 있어서 for-loop을 통해 member들을 한 바퀴 돌아볼 수 있는 Python 객체(Object)들을 가리킨다. 우리는 앞선 장들에서 이미 유명한 몇 가지 iterable들을 접했다. 2.2장에서 배운 아래의 list, string, tuple 모두 for-loop에서 쓰이면 한 번에 한 member씩 반환해줄 수 있는 iterable들이다.

```
# examples of sequences

# a list
[0, None, -2, 1]

# a string
"hello out there"

# a tuple
("a", False, 0, 1)
```

list, tuple, string은 member들을 저장해두고 하나씩 반환해주는 iterable인 반면, member들을 저장하지 않고 각 member들을 생성해주는 방식만 저장해두어 하나씩 그때 그때 생성해주는 iterable도 있다. 이에 대해서는 바로 다음 챕터 2.9에서 배울 예정이니 조금만 기다려보자!

2.8.2 Iterable에 적용할 수 있는 유용한 함수들

Python에서는 Iterable들을 매개변수로 하는 여러 유용한 built-in 함수들이 있다. 이들을 활용하면 iterable의 member들로 여러 유용한 연산들을 할 수 있다.

- list: 매개변수로 주어진 iterable의 member들을 원소로 가지는 list를 생성하여 반환한다.

```
>>>list ( "I am a cow" )
[ 'I', ' ', 'a', 'm', ' ', 'a', ' ', 'c', 'o', 'w' ]
```

- tuple: 매개변수로 주어진 iterable의 member들을 원소로 가지는 tuple를 생성하여 반환한다.

- sum: iterable의 member들을 모두 더한 값을 반환한다.

```
>>>sum( [ 1, 2, 3 ] )
6
```

- sorted: iterable의 member들을 오름차순으로 정렬한 list를 반환한다.

```
>>>sorted( "gheliabciou" )
[ 'a', 'b', 'c', 'e', 'g', 'h', 'i', 'i', 'l', 'o', 'u' ]
```

- any: iterable의 member들 중 하나라도 bool(member)의 결과가 True이면 바로 True를 반환한다.

```
# 'bool ( item )' evaluates to 'False' for each of these items
>>>any ( ( 0, None, [ ], 0 ) )
False
```

- all: iterable의 모든 member에 대해 bool(member)의 결과가 True일 때 True를 반환한다.

```
# 'bool ( item )' evaluates to 'False' for each of these items
>>>all ( [ 1, ( 0, 1 ), True, "hi" ] )
True
```

- max: iterable의 member 중 최대값을 반환한다.

```
>>>max ( ( 5, 8, 9, 0 ) )
9
```

- min: iterable의 member 중 최소값을 반환한다.

```
>>>min ( "hello" )
'e'
```

2.8.3 Unpacking iterables

Python은 위의 함수들 외에도 iterable에 대해 unpacking과 enumerating 문법을 제공한다. 먼저 unpacking 문법을 보자. 아래 코드처럼 3개의 member를 가지는 list의 각 member를 서로 다른 변수에 할당하고 싶다고 하자.

```
# simple script for assigning contents of a list to variables
>>>my_list = [ 7, 8, 11 ]

>>>x = my_list [ 0 ]
>>>y = my_list [ 1 ]
>>>z = my_list [ 2 ]
```

같은 과정을 unpack 문법을 활용하면 더 간단하게 할 수 있다. 아래 코드에서처럼 unpack 문법을 쓰면 좌변의 변수 목록들을 파악해서 우변의 iterable을 "unpack"해서 member를 변수에 하나씩 할당해준다.

```
# assigning contents of a list to variables using iterable unpacking
>>>my_list = [ 7, 9, 11 ]

>>>x, y, z = my_list
>>>print ( x, y, z )
7 9 11
```

unpack 문법은 for-loop을 통해 iterable의 member들을 순서대로 접근할 때 각 member 자체도 하나의 iterable인 경우 유용하다. "iterable인 member로 이뤄진 iterable"이라고 하면 복잡하게 들릴 수 있지만 아래 예시를 확인해보자.

```
>>>grades = [ ( "Ashley", 93 ), ( "Brad", 95 ), ( "Cassie", 84 ) ]
```

3개의 member로 이뤄진 list iterable인데, 이 때 각 member들을 보면 tuple인 것을 알 수 있다. 이러한 iterable들을 for-loop로 돌 때 unpack 문법이 왜 유용한 경우가 많은지 확인해보겠다. 우선, unpack문법 없이 이 list iterable을 한 바퀴 돌아보자.

```
for entry in grades :
    print ( entry )
```

이 경우에는 entry 변수에 각 tuple이 할당되어 아래와 같이 print된다.

```
( 'Ashley' , 93 )
( 'Brad', 95 )
( 'Cassie', 84 )
```

이런 list iterable의 member들에 이름과 점수 정보가 들어가 있으니 각각의 정보를 활용하고 싶을 수 있다. 이럴 경우 어떻게 해야 할까? 지금까지 우리가 배운 바에 의하면 for문 내에서 이름과 점수를 구하기 위해 entry 변수에 index를 통해 2번 접근해야 한다. unpack 문법을 쓰면 이 과정을 훨씬 간소화할 수 있다.

```
# The first iteration of this for-loop peforms
# the unpacking assignment: name, grade = ( "Ashley", 93 )
# then the second iteration: name, grade = ( "Brad", 95 )
# and so-on
for name, grade in grades:
    print ( name )
    print ( grade )
    print ( "\n" )
```

위와 같이 entry 대신 name, grade를 사용하면, gradesiterable의 각 member를 unpack하여 tuple의 첫 member를 name 변수에, tuple의 두번째 member를 grade 변수에 할당해준다. 따라서 각각을 출력해보면 아래와 같이 name와 grade에 알맞게 tuple의 member들이 할당된 것을 확인할 수 있다.

```
Ashley
93

Brad
95

Cassie
84
```

Packing 문법은 이후 2.9챕터에서 함수를 만들고 사용할 때 유용하게 사용되니 잘 기억해두자.

2.8.4 Enumerating iterables

for문에서 unpack말고 enumerate함수도 유용하게 사용된다. enumerate 함수는 Python의 built-in 함수로 아래와 같이 사용되며, 이렇게 for문을 통해 한바퀴 돌려고 하는 iterable에 씌워주면 몇 번째 바퀴인지에 대한 정보도 함께 알 수 있다.

```
# basic usage of 'enumerate'
>>>for entry in enumerate ( "abcd") :
… print ( entry )
```

구체적으로 어떻게 enumerate 함수가 우리에게 몇 번째 바퀴인지에 대한 정보를 알려주는지 알아보자. enumerate 함수는 매개변수로 iterable을 받아서 각 member에 대해 다음과 같이 구성된 tuple을 생성해주는 새로운 iterable을 반환한다.

```
(몇 번째 바퀴인지(iteration-count), iterable에서 해당하는 순서의 member)
```

앞서 본 for문의 예시에 적용해보면, enumerate("abcd")는 아래의 4개 tuple을 순서대로 하나씩 생성해주는 iterable을 반환하는 것을 알 수 있다.

```
( 0, 'a' )
( 1, 'b' )
( 2, 'c' )
( 3, 'd' )
```

2.9 Generator

2.9.1 Introducing Generators

generator는 iterator 객체(Object)의 일종으로 아래의 2가지 정보를 저장하고 있다.

- 각각의 item을 순서대로 어떻게 생성하는지
- 현재 item들 중 어떤 item까지 생성한 상태인지

우리는 이런 generator를 통해서 한 iteration을 돌 때마다 필요한 item들의 모임에서 한 item씩 순차적으로 접근할 수 있게 된다. 하지만 여기서 의문이 생길 수 있다. 앞서 배운 list를 떠올린다면, list를 통해서도 내가 필요한 item들이 있을 때 하나씩 접근하는 것이 가능할텐데 왜 굳이 generator가 필요할까? 그 이유는 '내가 필요한 item들을 저장공간에 따로 저장해두는지' 여부가 list와 generator에서 다르기 때문이다. 예를 들어, item 1부터 item 10까지 필요하다고 해보자. list의 경우, item 1 ~ item 10을 전부 저장공간에

저장해두고 list에서 각 item의 index를 통해서 접근한다. 하지만 generator의 경우 item 1 ~ item 10을 저장공간에 저장하지 않고, item 1 ~ item 10을 생성하는 방법과 현재 몇 번째 item까지 생성했는지를 가지고 있어서 iteration을 돌 때마다 순서대로 한 item씩 접근할 수 있게 된다.

이런 generator만의 특성은 아주 많은 item들의 모임에서 item들을 하나씩 접근해야할 때 위력을 발휘한다. 예를 들어 10,000,000,000개의 item들을 하나씩 접근해야한다고 생각해보자. list로 이를 구현한다면 10,000,000,000개의 item들을 모두 저장공간에 저장해두어야 한다. 반면, generator의 경우 이 많은 item들을 저장공간에 저장하지 않고, 각 item을 순서대로 어떻게 생성하는지, 그리고 현재 몇 번째 item까지 생성했는지에 대한 정보만으로도 10,000,000,000개의 item들을 하나씩 접근할 수 있다.

2.9.2 Range generator

generator에는 크게 Python에서 기본으로 제공되는 built-in generator와 직접 만든 generator로 나눠볼 수 있다. 2.9.2에서는 built-in generator 중 유명한 range generator에 대해 다룬다. 직접 generator를 만드는 경우도 굉장히 많은데 이는 2.9.3에서 소개된다.

```
range ( start, stop, step )
```

range generator는 위와 같이 3개의 매개변수를 가진다. start, stop, step 값으로는 integer값이 주어지며 해당 generator는 start부터 (stop-1)까지 step 만큼의 간격으로 integer들을 생성한다. 아래 예제 코드로 확인해보자. range(1, 10, 2)는 아래에서 보이는 바와 같이 1부터 9까지의 수를 2만큼의 간격으로 생성해준다.

```
# start: 1 (included)
# stop: 10 (excluded)
# step: 2
for i in range ( 1, 10, 2 ):
    print ( i )
# prints: 1.. 3.. 5.. 7.. 9
```

이때 start와 step은 주어지지 않는 경우도 있는데 start은 default 값이 0, step은 default 값이 1이기 때문에 주어지지 않는 매개변수들은 default 값을 가지게 된다. (start와 step

와 달리 stop은 default 값이 없으며 꼭 포함시켜야하는 매개변수이다.) 아래 예시를 보면, step이 주어지지 않아서 default값인 1을 가지게 되었음을 알 수 있다.

```
# start: 2 (included)
# stop: 7 (excluded)
# step: 1 (default)
for i in range ( 2, 7 ):
    print ( i )
# prints: 2.. 3.. 4.. 5.. 6
```

아래 경우에는 start와 step 모두 주어지지 않아서 각각 default 값인 0, 1로 지정되었다.

```
# A very common use case!
# start: 0 (default, included)
# stop: 5 (excluded)
# step: 1 (default)
for i in range ( 5 ):
    print ( i )
# prints: 0.. 1.. 2.. 3.. 4
```

2.9.3 Generator 직접 만들기: Generator Comprehensions

built-in generator 외에도 직접 generator를 정의할 수 있는데 이를 가능케 해주는 표현을 generator comprehension이라고 부른다. generator comprehension의 형식을 일반화해서 표현하면 아래와 같다.

```
( <expression> for <var> in <iterable> )
```

해당 표현의 의미는 "주어진 iterable에 들어있는 item 각각에 대해 expression의 방식대로 생성하라"이다. 실제 예시 코드를 보면서 그 의미를 더 자세히 살펴보자.

> **참고** generator를 직접 만들 때는 generator comprehension을 감싸는 소괄호 '('와 ')'를 잊지 말고 꼭 같이 포함해줘야 한다.

```
# when iterated over, 'example_gen' will generate 0/2.. 9/2.. 21/2.. 32/2
example_gen = ( i/2 for i in [ 0, 9, 21, 32 ] )

for item in example_gen:
    print ( item )
# prints: 0.0.. 4.5.. 10.5.. 16.0..
```

위의 generator에서는 iterable로 [0,9,21,32]라는 list가 들어갔고, 해당 list에 속하는 item인 i에 대해 i/2라는 expression을 따라 이 generator의 member들을 생성하게끔 하고 있다. 이 generator는 example_gen이라는 변수에 저장되고 example_gen을 for문을 통해 한바퀴 돌게 되면 [0,9,21,32]의 각 member를 2로 나눠준 값인 0.0, 4.5, 10.5, 16.0 가 순차적으로 출력된다. for문을 통해 generator를 한 바퀴 돌면서 각 member들을 생성해내는 방법은 2.9.4에서 배워보겠다.

조건문 추가하기

위에서 배운 generator comprehension의 기본 형태에 위와 같이 조건문을 추가하여 iterable에 든 모든 member에 대해 생성해주는 것이 아니라, 조건적으로 생성해주게끔 generator를 만들 수 있다. 조건문을 함께 사용한 generator comprehension 형식을 일반화해서 표현하면 아래와 같다.

```
( <expression> for <var> in <iterable> if <<condition>> )
```

이 표현을 이용해, 앞서 공부했던 example_gen에 조건문을 추가해보겠다.

expression에 올 수 있는 표현들

```
( <expression> for <var> in <iterable> )
```

generator comprehension의 〈expression〉 부분에는 앞선 예시들에서 본 i/2 같은 표현들 외에도, 객체(Object)를 반환하는 한줄짜리 Python 코드는 모두 올 수 있다. 아래 예제에서는 generator의 expression으로 tuple 객체를 반환하는 코드가 왔으며, 이 generator는 아래 주석의 tuple 객체 10개를 하나씩 생성해준다.

```
( ( i, i ** 2, i ** 3 ) for i in range ( 10 ) )
# will generate:
# ( 0, 0, 0 )
# ( 1, 1, 1 )
# ( 2, 4, 8 )
# ( 3, 9, 27 )
# ( 4, 16, 64 )
# ( 5, 25, 125 )
# ( 6, 36, 216 )
# ( 7, 49, 343 )
# ( 8, 64, 512 )
# ( 9, 81, 729 )
```

2.9.4 Generator에서 생성된 item들 접근하기

앞서 2.9.1에서 generator를 소개하면서 generator들은 list와 달리 item들을 따로 저장해 두지 않고 각 item을 생성하는 '방법'과 지금 몇 번째 item까지 생성한 '상태'인지에 대한 정보를 담고 있다고 했다. 따라서 generator를 통해 item들에 접근할 때는 list에서 쓰던 방식과 다른 방식으로 접근해야 한다. 예를 들어, 아래 코드에서처럼 2.9.3에서 배운 generator comprehension을 사용해서 generator를 만들고 gen이라는 변수에 저장했다고 해보자. 이 경우에는 generator가 몇 개의 item을 생성해주는지 파악하기 위해 len 함수를 적용할 수 없다. 그리고 index를 통해서 특정 item에 접근할 수도 없다.

```
# you **cannot** do the following…
>>>gen = ( i ** 2 for i inrange ( 100 ) )

# query the length of a generator
>>>len ( gen )
TypeError: object of type 'generator' has no len( )

# index into generator
>>>gen [ 2 ]
TypeError: 'generator' object is not subscriptable
```

그렇다면 generator에서 생성된 item에 어떻게 접근할 수 있을까? 여기서는 크게 2가지를 소개할 것이다.

참고 여기에 한 가지 예외가 있다. built-in generator인 range의 경우에는, 위처럼 list에 접근하듯이 len함수를 적용할 수 있고 index를 통해 member에 접근할 수 있다. 아래의 코드를 확인해보면, gen은 0부터 9까지의 정수를 1 간격으로 생성해주는 generator이다. 따라서 총 10개의 member를 생성해주므로 len 함수에 매개변수로 전달 시 10을 반환하고, gen[2]를 통해서 3번째로(Python에서 index은 0부터 시작하므로) 생성해주는 member를 접근하면 2를 반환해준다.

```
>>>gen = range ( 0, 10 )
>>>len ( gen )
10
>>>gen [ 2 ]
2
```

iteration

첫 번째는 iteration을 활용하는 방법이다. 2.9.3에서 공부했던 generator의 예시인 example_gen을 떠올려보자. example_gen에 대해 아래와 같이 for문을 구성하게 되면, example_gen이 하나씩 순서대로 생성해주는 값들이 item에 담기게 되고 for문 내부의 code들이 이 item에 대해 실행된다. 따라서 각 iteration마다 item 변수에는 0/2, 9/2, 21/2, 32/2가 담기어 print된다.

```
# when iterated over, 'example_gen' will generate 0/2.. 9/2.. 21/2.. 32/2
example_gen = ( i / 2 for i in [ 0, 9, 21, 32 ] )

for item in example_gen:
    print ( item )
# prints: 0.0.. 4.5.. 10.5.. 16.0..
```

참고 item은 임의로 정한 변수 이름이므로 꼭 item을 쓸 필요가 없고 본인이 원하는 변수 명을 쓸 수 있다. 다만 generator가 생성해준 member가 이 변수에 담기게 되므로 for문 내부에서 이 member에 접근할 때도 통일된 변수명을 써줘야 한다.

next

하지만 iteration 방식은 매번 for문을 써야한다는 단점이 있다. 2번째 방법은 for문 없이도 접근하는 방법으로, next 함수를 써주는 방법이다. 아래 예제코드를 통해 확인해보자.

```
# consuming an iterator using 'next'
>>> short_gen = ( i / 2 for i in [ 1, 2, 3 ] )

>>> next ( short_gen )
0.5

>>> next ( short_gen )
1.0

>>> next ( short_gen )
1.5

>>> next ( short_gen )
StopIteration
Traceback ( most recent call last )
<ipython-input-5-ed60a54ccf0b> in <module>( )
---- > 1 next ( short_gen )

StopIteration:
```

앞서 언급했듯이 generator는 각 member를 생성해주는 방식과 함께 현재 몇 번째 member까지 생성했는지에 대한 정보를 담고 있다. 따라서 특정 generator를 next 함수의 매개변수로 주게 되면 다음 member를 반환한다. short_gen을 정의한 직후에는 member를 아직 하나도 생성해주지 않은 상태이므로, next 함수를 썼을 때 첫 member인 1/2를 생성해준다. 이렇게 next 함수를 계속 적용해주다가 마지막 member까지 생성해주고 나면 어떻게 될까? 아래 코드를 보면 StopIteration이라는 문구와 함께 골치아픈 코드들이 보인다. 이는 short_gen이 마지막 member까지 생성함으로써 'exhausted iterator'가 되었기 때문인데, 다음 챕터인 2.9.5에서 더 자세히 알아보자!

참고 next 함수의 매개변수로 range generator를 전달해주면 제대로 작동하지 않고 아래처럼 에러가 뜬다!

```
>>>gen = range ( 0, 10 )
>>>next ( gen )
Traceback ( most recent call last )
File "<stdin>", line 1, in<module>
TypeError: 'range', object is not an iterator
```

그 이유는 이 책의 범주를 넘어가는 내용이니, next 함수의 매개변수로 range generator를 전달하고 싶으면 아래 코드처럼 range로 generator를 다시 만들어서 사용해야한다는 점만 기억하자! (참고로, 왜 그런지 알고 싶은 사람들은 해당 링크를 참고하자. https://www.geeksforgeeks.org/python-range-does-not-return-an-iterator/)

```
>>>gen = ( i for i in range ( 0, 10 ) )
>>>next ( gen )
0
>>>next ( gen )
1
```

2.9.5 consume

generator는 member를 생성해주는 동시에 해당 member를 '소모'해버리게 된다. 즉, 앞서 2.9.4에서 살펴본 예제로 돌아가보면, short_gengenerator는 next 함수를 통해서 member를 생성해주는 동시에 소모해버린다. 따라서 short_gen는 세 member 0.5, 1.0, 1.5를 차례대로 모두 생성해주고 나면 'exhausted iterator'가 되며, 이러한 'exhausted-iterator'에 next 함수를 적용하면 StopIteration이라는 문구가 뜬다.

```
# consuming an iterator using 'next'
>>> short_gen = ( i / 2 for i in [ 1, 2, 3 ] )

>>> next ( short_gen )
0.5

>>> next ( short_gen )
1.0

>>> next ( short_gen )
1.5

>>> next ( short_gen )
StopIteration
Traceback ( most recent call last )
<ipython-input-5-ed60a54ccf0b> in <module>( )
---- > 1 next ( short_gen )

StopIteration:
```

이러한 특성 때문에 for문을 통해서 generator를 한 바퀴 돌면 해당 generator는 모든 member를 소모해버린 'exhausted generator'가 된다. 따라서 해당 generator를 다시 사용하고 싶으면 새로 정의해주어야 한다.

generator가 특정 member를 생성해주는지 확인하는 것도 가능한데, 이 경우에도 member들을 소모하게 된다. 아래처럼 확인하고 싶은 member와 generator에 대해 작성하면 포함여부에 따라 True 혹은 False를 반환한다.

```
<member> in <generator>
```

아래 예제코드에서처럼 1부터 10까지의 정수를 생성해주는 generator인 gen을 정의한 후, 5가 있는지 확인하게 되면 True를 반환하는데, 이 과정에서 첫 member부터 찾고자 한 member인 5까지를 소모해버리게 된다. 따라서 generator인 gen은 이제 6-10의 정수만 생성해줄 수 있으므로, 다시 5를 생성해주는지 확인해보면 False를 반환한다.

이렇게 generator가 생성해줄 수 없는 수에 대해 포함여부를 확인하면, 모든 member를 소모해버리게 된다. 그래서 매개변수로 주어진 iterable의 member를 모두 더해주는 built-in 함수인 'sum'의 매개변수로 모든 member를 소모한 generator를 전달하면 0을 반환하는 것을 볼 수 있다. sum 함수는 다음 챕터에서 바로 이어서 다룰 것이다.

```
# checking for membership consumes a generator until
# it finds that item ( consuming the entire generator
# if the items is not contained within it )
>>> gen = ( i for i in range (1, 11) )
>>> 5 in gen # first 5 elements are consumed
True

# 1-5 are no longer contained in gen
# this check consumes the entire generator!
>>> 5 in gen
False

>>> sum ( gen )
0
```

2.9.6 use it on fly(매개변수로 사용하기)

generator들은 매개변수로 iterable을 가지는 함수들의 매개변수로 사용될 수 있다. 이런 함수들을 활용하면 generator의 member들에 대해 유용한 여러 연산들을 해줄 수 있다.

sum

매개변수로 주어진 iterable의 member들을 모두 더해주는 built-in 함수이다. 아래 예제에서처럼 매개변수로 전달하는 generator를 특정 변수에 저장할 필요없이, 정의와 동시에 매개변수로 전달하여 사용되는 변수 개수를 줄일 수도 있다.

```
>>>sum ( i ** 2 for i inrange ( 100 ) )
328350
```

list

매개변수로 주어진 iterable의 member들을 모아서 list로 반환하는 built-in 함수이다.

```
>>>list ( i ** 2 for i inrange ( 10 ) )
[ 0, 1, 4, 9, 16, 25, 36, 49, 64, 81 ]
```

2.9.7 List & Tuple Comprehension

Generator Comprehension은 특히나 List나 Tuple을 초기화할 때 유용하게 쓰인다. 그래서 Python에서는 generator comprehension을 활용해 List와 Tuple 생성할 수 있는 문법을 따로 배정해두었다.

List Comprehension

List Comprehension의 구조는 아래와 같다. 대괄호 [ ] 안에 generator comprehension을 넣어주면 이 generator가 순서대로 생성해주는 member들을 가지는 list가 만들어진다.

```
[ <expression> for <var> in <iterable> {if <condition>} ]
```

아래와 같이 list comprehension을 쓰게 되면, 대괄호 [ ] 안의 generator comprehension은 순서대로 member를 생성해주기 때문에 이를 member로 가지는 list가 만들어지는 것을 확인할 수 있다.

```
# a simple list comprehension
>>> [ i ** 2 for i inrange ( 10 ) ]
[ 0, 1, 4, 9, 16, 25, 36, 49, 64, 81 ]
```

사실, 여기까지 읽고 나면 왜 굳이 ListComprehension을 쓰는지 의문을 가질 수 있다. 의문을 해결하기 위해 listcomprehension이 어떤 점에서 효율적인지 아래 예제를 통해 확인해보자.

먼저, 5개 영어 단어로 이뤄진 list가 있고 여기서 'o'가 들어있는 영어 단어로만 이뤄진 list를 만들고 싶다고 하자. 이를 list comprehension 없이 작성해보면 아래와 같다. 5개 영어 단어들이 들어있는 word_collection list를 for문으로 돌면서 각 단어를 모두 소문자로 변환한 결과에서 'o'가 있는지 확인하여 'o'가 있는 경우에만 결과 list에 추가해주는 방식으로 작동한다.

```
words_with_o = [ ]
word_collection = [ 'Python', 'Like', 'You', 'Mean', 'It' ]
for word in word_collection:
    if "o" in word.lower( ):
        words_with_o.append ( word )
```

list comprehension을 적용해보면 어떻게 될까? list comprehension을 사용하면 아래처럼 조건문을 포함한 generator comprehension을 사용하여 한 줄에 모두 표현이 가능하다!

```
>>>word_collection = [ 'Python', 'Like', 'You', 'Mean', 'It' ]
>>>words_with_o = [word for word in word_collection if "o" in word.lower ( ) ]
>>>words_with_o
[ 'Python', 'You' ]
```

Tuple Comprehension

Tuple도 마찬가지이다. 하지만 list와 달리 소괄호 ( )을 쳐주는 대신, tuple 함수를 호출한다. 이런 방식을 택하는 이유는 generator 문법에 소괄호 ( )을 씌우는 것이 이미

generator comprehension으로 사용되고 있는 표현이기 때문이다.

```
# creating a tuple using a comprehension expression
>>>tuple ( i**2 for i in range ( 5 ) )
( 0, 1, 4, 9, 16 )
```

List와 Tuplecomprehension은 코딩을 하는 데 필수적인 문법은 아니지만 유용성 때문에 자주 활용되므로, 다양한 코드를 이해하고 더 효율적인 코드를 작성하기 위해 잘 알아 두자.

2.10 함수(Function)

2.10.1 함수란?

함수는 입력(input)과 출력(output)이 명시된 코드 덩어리로, 우리는 함수를 통해 해당 코드 덩어리들을 다양한 맥락에서 여러 번 재사용할 수 있게 된다. 말이 추상적으로 들릴 수 있으니 예시와 함께 살펴보자. 아래는 count_vowels이라는 이름을 가진 함수를 선언하는 코드이다.

함수 이름 / Input argument / 함수의 body

```
def count_vowels( in_string ):
    """ Returns the number of vowels contained in 'in_string'"""
    num_vowels = 0
    vowels = "aeiouAEIOU"

    for char in in_string:
        if char in vowels:
            num_vowels += 1 # equivalent to num_vowels = num_vowels + 1
    return num_vowels    ← 반환(return)하는 값
```

우리는 함수의 입력(input)으로 어떤 객체를 줄 수 있는데, 이를 'input argument'라고 부른다. 위 예시에서는 우리가 입력으로 전달한 객체가 in_string 변수에 할당되어 함수 내부에서 사용할 수 있게 된다. 그 아랫줄에 들여쓰기 되어있는 코드 덩어리 부분은 함수의 body라고 부른다. 여기서는 주어진 in_string 객체에 들어있는 모음의 개수를 세는 유용한 코드들을 모아놓은 코드 덩어리로 볼 수 있다. 앞서 배운 for문, while문과 비슷

한 맥락으로, 함수를 정의할 때도 함수의 body는 함수 외부와 구분되는 영역임을 알리기 위해 들여쓰기를 해줘야 한다. 우리가 input argument로 준 객체에 대해 함수의 body가 유용한 작업들을 해주고나면 그 작업의 결과값을 우리에게 반환(return)해준다. 위의 예제에서는 num_vowel을 반환(return)함으로써 우리에게 모음 개수를 전달해준다. 이렇게 정의한 함수는 아래와 같이 실제로 다양한 input argument에 대해 실행할 수 있다. 함수의 input argument로 어떤 객체를 넘겨주어 함수가 해당 객체로 코드 덩어리를 실행하도록 하는 것을 함수를 '호출(call)'한다고 한다.

```
>>>count_vowels ( "Apple" )
2
>>>count_vowels ("envelope" )
4
```

"Apple" 객체와 "envelope" 객체에 대해 각각 count_vowels 함수를 호출해보면 "Apple"에는 모음이 'A', 'e'로 2개 존재하여 2를 반환하고, "envelope"에는 모음이 'e', 'e', 'o', 'e'로 4개 존재하여 4를 반환한다. 이렇게 함수는 유용한 기능을 하는 코드들을 캡슐처럼 묶어서(encapsulation) 여러 번, 다양한 객체들에 대해 실행할 수 있게끔 해준다.

2.10.2 함수 선언하기

이제 함수에 대한 큰 그림을 파악했으니 어떻게 선언하는지 더 자세히 알아보자. 아래 코드는 함수의 구조를 일반화하여 나타낸 것이다.

```
def <function name> ( <function signature> ):
    """documentation string """
    <encapsulated code>
    return <object>
```

- 〈function name〉: 변수명 짓는 것과 같은 방식을 따른다. 유효한 변수 이름이라면 함수명으로 쓰는 것이 가능하다. (유효한 변수 이름의 형식에 대해서는 2.4를 참고하자.) 함수의 이름 뒤는 항상 소괄호 '( )'와 colon(:)이 따라와야 한다.
- 〈function signature〉: 함수의 input argument들을 명시해준다. 만약 함수가 input argument를 받지 않는다면 빈 소괄호로 비워두면 된다.

- documentation string: 해당 함수의 목적을 함수의 body 처음 부분에 적어줄 수 있다. optional한 부분이지만, 적어주게 되면 나중에 본인의 코드를 보거나 다른 사람이 읽게 될 때 가독성을 높여준다는 장점이 있다. (양 쪽의 세 쌍따옴표(""") 사이에 작성하는 한, 여러 줄로 작성하는 것도 가능하다.)
- 〈encapsulated code〉: 일반적인 Python 코드들을 적어줄 수 있다. 함수 외부와 구분하기 위해 def 문으로부터 들여쓰기를 해줘야 한다.
- return: return문을 만나게 되면, 특정 객체를 반환하고 함수 실행이 끝나게 된다.

올바른 함수 선언 방식을 확인하기 위해 잘못된 함수 선언 방식들을 소개하겠다.

1
```
# missing colon
def bad_func3()
    x = 1
    return x + 2
```

2
```
# wrong indentation
def bad_func1():
x = 1
    return x + 2
```

3
```
# wrong indentation
def bad_func2():
    x = 1
return x + 2
```

4
```
# missing parenthesis
def bad_func4:
    x = 1
    return x + 2
```

1) 함수 이름 뒤에 소괄호가 왔지만 colon(:)이 빠졌다.
2) 함수 내부의 코드가 def 문으로부터 들여쓰기 되어 있지 않다.
3) 반환하는 코드(return statement)가 def 문으로부터 들여쓰기 되어 있지 않다.
4) 함수 이름 뒤에 colon(:)은 있지만 그 사이에 소괄호가 빠져있다.

2.10.3 Return(반환) Statement

함수에서 return(반환) statement 뒤에는 어떤 Python 객체든 올 수 있다. 예를 들어, 아래 예시에서는 Interger 객체가 return statement 뒤에 왔다.

```
# this is ok
def ok_func():
    x = 1
    return x + 2
```

return statement 뒤에 아무것도 오지 않게 할 수도 있다. 그리고 아예 return statement 자체를 생략하는 것도 가능하다. 모든 Python 함수는 어떤 객체를 반환하기 때문에 이와 같은 경우에도 None 객체를 반환하게 된다.

```
# this function returns 'None'
# return statement is omitted
def f():
    x = 1
```

```
# this function returns 'None'
# an "empty" return statement
def f():
    x = 1
    return
```

심지어 built-in 함수인 print 함수도 아래처럼 반환하는 값을 확인해보면 None을 반환하는 것을 알 수 있다.

```
# the 'print' function returns 'None'
>>> x = print("hi")
hi

>>> x is None
True
```

그리고 return statement 뒤에 객체가 올 때는 꼭 객체 이름만 와야할 필요는 없다. 함수 내부 코드 양을 줄이기 위해 아래처럼 함수의 return statement 뒤에 오는 객체로 2.9에서 배운 generator comprehension을 사용할 수도 있다. 아래 count_vowels 함수의 경우, generator comprehension이 반환하는 객체가 sum 함수의 input으로 주어지고, 최종적으로 count_vowels 함수는 sum이 반환하는 값을 반환한다.

```
# the returned object of a function can be specified straight-away
def count_vowels(in_string):
    """ Returns the number of vowels contained in 'in_string'"""
    return sum(1 for char in in_string if char in "aeiouAEIOU")
```

한 함수 내에서 여러 return statement을 선언하는 것도 가능하다. 이 특징은 여러 조건에서 기능하는 코드를 짜거나 최적화를 목적으로 할 때 유용하다. 아래 예시 코드를 살펴보면, input argument인 x가 0이면 마지막 2줄을 실행하지 않고도 함수 실행을 끝내서 필요한 값을 반환할 수 있다.

```
def compute_exp(x):
    """ Use a Taylor Series to compute e^x """
    if x == 0:
        return 1.0

    from math import factorial
    return sum(x**n / factorial(n) for n in range(100))
```

하지만 그렇다고 해서 한 함수 호출에서 여러 개의 return statement들이 실행되어 여러 객체를 반환할 수 있는 것은 아니다. 아래처럼 코드를 짜더라도 input argument로 2를 주게 되면 첫 번째 return statement을 만나 함수 실행이 종료되며 $2^2(=4)$가 출력된다.

```
# Returning multiple items from a function
def bad_f(x):
    """ return x**2 and x**3"""
    return x**2
    # this code can never be reached!
    return x**3

>>> bad_f(2)
4
```

만약 x^2, x^3처럼 복수의 item들을 반환하고 싶으면 아래처럼 tuple이나 list처럼 여러 item을 담을 수 있는 한 객체를 반환하면 된다.

```
def good_f(x):
    """ return x**2 and x**3"""
    return (x**2, x**3)

>>> good_f(2)
(4, 8)
```

2.10.4 Argument Statement

함수를 호출할 때 input argument들을 전달하는 방법은 다양하다. 아래 is_bounded 함수를 통해서 input argument를 전달하는 여러 방법들을 알아보자.

```
def is_bounded(x, lower, upper):
    return lower <= x <= upper
```

위치로 argument 전달하기

첫번째 방법은 위치를 통해 전달하는 방법이다. 이 방법에서는 input argument들의 순서에 기반하여 각 argument를 input 변수에 할당해준다. 예를 들어, 아래와 같이 input argument를 3, 2, 4로 주게 되면 input 변수인 x, lower, upper 각각에 3, 2, 4를 순서대로 할당해준다.

```
# evaluate: 2 <= 3 <= 4
# specifying inputs based on position
>>> is_bounded(3, 2, 4)
True
```

만약 함수의 정의에서 명시한 input 변수 개수보다 더 많은 input argument가 주어지면 어떻게 될까?

```
# too few inputs: raises error
is_bounded(3)

# too many inputs: raises error
is_bounded(1, 2, 3, 4)
```

이 경우에는 TypeError가 발생하기 때문에 위치로 argument를 전달하고자 한다면 input 변수의 개수와 순서를 고려하여 input argument를 전달해주어야 한다.

이름으로 argument 전달하기

또 다른 방법은 함수를 호출할 때 input argument와 함께 input 변수 이름을 명시해주는 것이다.

```
# evaluate: 2 <= 3 <= 4
# specify inputs using explicit input names
>>> is_bounded(lower=2, x=3, upper=4)
True
```

input 변수 이름을 명시해주는 방식은 앞서 배운 위치를 통해 전달하는 방식과 함께 사용될 수 있다. 이 경우에는 위치를 통해 전달하는 argument들이 먼저 오게 해야 한다. 아래 예시를 보면, 첫 argument는 위치 기반으로 전달되어서 첫 input 변수인 x에 할당된다. 그리고 나머지 두 argument는 명시해준 input 변수에 각자 할당된다.

```
# evaluate: 2 <= 3 <= 4
# 'x' is specified based on position
# 'lower' and 'upper' are specified by name
>>> is_bounded(3, upper=4, lower=2)
True
```

또한 이렇게 두 방식을 혼합해서 전달할 때는 중간에 이름을 명시한 argument가 오면 그 이후에 오는 argument들도 모두 이름을 명시하는 방식으로 전달되어야 한다. 따라서 세 argument를 전달할 때, 두번째 argument를 이름을 명시하는 방식으로 전달했다면 그 후에 오는 세번째 argument도 이름을 명시하는 방식으로 전달해야 한다. 이를 어길 경우 아래처럼 SyntaxError가 발생하게 된다.

```
# positional arguments cannot follow named arguments
>>> is_bounded(3, lower=2, 4)
SyntaxError: positional argument follows keyword argument
```

argument들의 디폴트(default)값

input argument에 대한 디폴트 값을 정하는 것도 가능하다. 이 디폴트 값들은 함수 호출 시 input argument를 명시하지 않은 경우 사용된다. 앞서 사용했던 count_vowels 함수를 다시 떠올려보자. 우리는 이제 이 함수에 사용자가 원한다면 'y'도 모음에 추가할 수 있게끔 하고 싶다. 하지만 대부분의 사용자들은 'y'를 모음에 포함하고 싶어하지 않을 것이다. 따라서 False를 디폴트 값으로 가지는 include_y라는 argument를 추가해보았다.

```
def count_vowels(in_string, include_y=False):
    """ Returns the number of vowels contained in 'in_string'"""
    vowels = "aeiouAEIOU"
    if include_y:
        vowels += "yY"  # add "y" to vowels
    return sum(1 for char in in_string if char in vowels)
```

이를 통해 아래처럼 include_y를 argument로 전달하지 않은 경우 include_y값이 False가 되어 'y'를 모음에 포함시키지 않게 된다.

```
# using the default value: exclude y from vowels
>>> count_vowels("Happy")
1
```

그리고 아래처럼 include_y의 값을 True로 전달한 경우에만 'y'를 모음 목록에 포함시켜서 개수를 세어준다. 그리고 디폴트 값을 가지는 argument에 대해서도 이름을 명시하여 전달하는 방식이 가능하다.

```
# overriding the default value: include y as a vowel
>>> count_vowels("Happy", True)
2

# you can still specify inputs by name
>>> count_vowels(include_y=True, in_string="Happy")
2
```

이런 디폴트 값을 가지는 argument를 가지는 함수를 정의할 때에는 〈function signature〉에서 다른 디폴트 값을 가지지 않는 argument들이 나온 후 디폴트 값을 가지는 argument들이 나와야 한다.

```
# this is ok
def f(x, y, z, count=1, upper=2):
    return None
```

따라서 아래처럼 디폴트 값을 가지는 argument인 count와 upper 뒤에는 z 같이 디폴트 값을 갖지 않는 argument가 올 수 없다.

```
# this will raise a syntax error
def f(x, y, count=1, upper=2, z):
    return None
```

2.10.5 함수도 객체이다.

함수는 정의되고 나면 list, string, interger와 같이 하나의 Python 객체가 된다. 따라서 함수를 어떤 변수에 할당하는 것도 가능하다. 아래처럼 var라는 변수에 함수를 할당하여 var로 함수를 호출할 수도 있다.

```
>>> var = count_vowels  # 'var' now references the function 'count_vowels'
>>> var("Hello")        # you can now "call" 'var'
2
```

list에 함수들을 저장한 후 하나씩 꺼내와서 사용하는 것도 가능하다.

```
my_list = [count_vowels,print]

for func in my_list:
    func("hello")

# iteration 0: calls 'count_vowels("hello")'
# iteration 1: calls 'print("hello")'
```

함수 호출도 어떤 곳에서든 가능하다. 아래처럼 if문이나 generator comprehension 안에서도 함수 호출이 가능하며 호출한 자리를 함수가 반환한 객체가 대체하게 된다.

```
if count_vowels("pillow") > 1:
    print("that's a lot of vowels!")

>>> sum(count_vowels(word, include_y=True) for word in ["hi", "bye", "guy", "sigh"])
6
```

2.11 Scope

file scope vs. restricted scope

함수와 함께 등장하는 또 다른 중요한 개념은 변수들의 범위(scope)이다. 어떤 변수의 범위(scope)는 해당 변수가 보이고 접근 가능한 영역을 말한다. 범위의 종류로는 크게 파일 범위(file scope)와 제한된 범위(restricted scope)가 있다.

- 파일 범위(file scope)
  파일 범위(file scope)를 가지는 변수들은 해당 변수를 선언한 이후 파일 내 어떤 지점에서든 보이고 접근이 가능하다.
- 제한된 범위(restricted scope)
  제한된 범위(restricted scope)를 가지는 변수들은 함수 내부, 혹은 generator comprehension 내부처럼 제한된 영역 내에서만 보이고 접근 가능하다.

코드 예시를 통해서 더 자세히 알아보자.

```
# this demonstrates scope of variables in different contexts
# nothing meaningful is computed in this file

from itertools import combinations  # 'combinations' has file scope

# 'my_func' has file scope
# 'in_arg1' has restricted scope
# 'in_arg2' has restricted scope
# 'func_block' has restricted scope
def my_func(in_arg1, in_arg2="cat"):
    func_block = 1
    return None

# 'file_var' has file scope
# 'comp_var' has restricted scope
file_var = [comp_var**2 for comp_var in [-1, -2]]

# 'if_block' has file scope
if True:
    if_block = 2
else:
```

```
    if_block = 3

# 'it_var' has file scope
# 'for_block' has file scope
for it_var in [1, 2, 3]:
    for_block = 1

# 'while_block' has file scope
while True:
    while_block = None
    break
```

먼저 파일 범위 변수들부터 살펴보겠다.

- combination
- my_func
- file_var
- if_block
- it_var
- for_block
- while_block

위의 변수들은 모두 선언 이후 파일 내 어느 곳에서든 보이며 접근이 가능하다. 이 때 주의할 사항은, 변수 if_block, if_var, for_block, while_block는 if문/for문/while문 내부에서 선언된 변수들임에도 여전히 파일 범위를 가진다는 것이다. 따라서 각 변수가 선언된 if문/for문/while문을 탈출하더라도 여전히 해당 변수들이 보이고 접근이 가능하다. 곧이어 살펴볼 제한된 범위를 가지는 변수들 중 함수 내부에서 선언된 변수들과 혼동하지 않도록 주의하자!

이제 제한된 범위를 가지는 변수들을 살펴보자.

- in_arg1, in_arg2
  함수의 input argument로 사용된 변수들은 해당 함수 내부에서만 보이고 접근이 가능하다. 즉, 범위가 함수 내부로 제한되는 변수들이다.

- func_block
  함수의 내부에서 선언된 변수들도 해당 변수를 선언한 함수 내부에서만 보이고 접근이 가능하다.
- comp_var
  generator comprehension에서 사용된 변수들도 이를 선언한 generator comprehension 내부로 범위가 제한된다.

변수 Shadowing

위의 설명을 읽으면서 이런 의문을 가졌을 수 있다. 만약 파일 범위를 가지는 변수랑 제한된 범위를 가지는 변수가 같은 이름을 쓰려고 하면 어떻게 될까? 이런 상황을 가리켜서 변수(variable) shadowing이라고 부른다. Python은 더 좁은 범위를 가지는 변수에게 우선순위를 높게 할당함으로써 이런 상황을 해결한다.

```
x = 2
y = 3

def func(x):
    # input-arg 'x' overrides file-scope version of 'x'
    y = 5  # overrides file-scope version of 'y'
    return x + y

# 'x' is 2 here, once again
# 'y' is 3 here, once again

print(func(-5))  # prints 0
print(x, y)      # prints 2  3
```

위의 코드를 첫줄부터 살펴보자. 처음 등장하는 x와 y는 파일 범위를 가진다. 그리고 같은 이름의 제한된 범위를 가지는 변수들이 func 함수 내에서 사용된다. 따라서 func 함수 내부에서는 아래와 같이 x와 y에 대해 2가지 변수 중에서 어떤 변수에 우선 순위를 줄 것인지 결정해야 한다.

x

- 첫 번째 줄에서 선언된 x (파일 범위)

- func 함수 내부에서 input argument로 정의된 변수 x (함수 내부에서만 보이고 접근가능)

y

- 두 번째 줄에서 선언된 y (파일 범위)
- func 함수 내부에서 정의된 변수 y (함수 내부에서만 보이고 접근가능)

이 때 Python에서는 가장 제한된 범위를 가지는 변수에 우선순위를 준다는 규칙에 따라, x와 y 각각 함수 내부에서만 보이고 접근 가능한 변수에 우선 순위를 준다. 따라서 함수 내부에서 x는 func 함수를 호출할 때 전달해준 input argument의 값을 가지고, y는 5의 값을 가지게 된다. 마지막 2개의 print문 중 첫 번째 print문을 통해 이를 확인할 수 있다. func(−5)의 결과를 출력하게 되면 −5 + 5 = 0을 출력하게 된다.

하지만 함수 내부를 탈출하여 나오게 되면 함수 내부에서 선언된 x와 y는 더이상 보이거나 접근할 수 없게 되어, x와 y는 각각 파일 범위를 가지는 변수의 값을 지니게 된다. 따라서 마지막 print문에서 x와 y를 각각 출력해보면 2와 3이 나오는 것을 알 수 있다.

```
it = "cow" # 1번 'it'  (file-scope)

def func():
    it = "dog" # 2번 'it' (func-scope)
    my_list = [it**2 for it in [1, 2, 3]]  # 3번 'it'
        # generator comprehension 내부에서는 3번 'it'이
        # func-scope인 2번 'it'보다 더 높은 우선순위를 가진다.
    # 'it' is "dog" here, once again
    return None

# 'it' is "cow" here, once again
```

generator가 등장하는 예시를 하나 더 살펴보자. 여기서는 서로 다른 범위를 가지면서 같은 이름 it을 공유하는 변수 3개가 등장한다. 먼저, 함수 밖에서는 1번 it만 보이기 때문에 it은 "cow" 값을 갖게 된다. 함수 내부로 들어가보자. 함수 내부(generator comprehension밖)에서는 1번 it와 2번 it 중에서 우선순위를 정해야하는데, 2번 it이 함수 내부로 범위가 더 제한되어 2번 it이 우선 순위를 가지게 된다. 따라서 함수 내부(generator comprehension밖)에서는 it이 "dog" 값을 가지게 된다. 함수 내부 중에서도

generator comprehension 내부에서는 1, 2, 3번 it 중에서 우선순위를 정해야하는데 3번 it이 generator comprehension 내부로 범위가 제한되어 가장 좁은 범위를 가지게 된다. 따라서 함수 내부의 generator comprehension 내에서는 it이 1, 2, 3의 값을 순서대로 가지게 된다.

모듈 2를 끝마치며

'백문이불여일견'이라는 말이 있듯이 '백문이불여일코(백 번 듣는 것이 한 번 코딩해보는 것보다 못하다)'라고 생각한다. 그래서 설명만 읽기보다는 복잡한 예시들 몇 가지는 꼭 본인이 한번 따라서 코딩해보기를 바란다! (위 설명에서 등장한 예시들 외에 더 다양한 문제들을 접해보고 싶다면 Python Like You Mean It 페이지의 Module 2: Problems 챕터를 참고해보자.)

Module 3

NumPy 핵심

김도현 서울대학교 컴퓨터공학부

"대학의 목적은 스스로 가르치는 자의 양성이다. - 밀스"

"서울대학교 캠퍼스 안에 붙어있는 명언들 중 하나입니다. 밀스라는 사람에 대해서도, 말이 나온 맥락에 대해서도 잘 몰랐지만, 이 글귀가 참 인상적이었고 이후 오랫동안 제게 깊은 영향을 주며 기억 속에 남아있습니다. 지식을 습득하는 것도 물론 중요하지만 더욱 중요한 것은 지식을 습득할 수 있는 능력을 기르는 것입니다. 누군가가 떠먹여 준 지식을 많이 가지고 있는 사람보다는, 시행착오를 겪으며 작은 지식이라도 스스로 떠먹어 본 사람이 더 크게 성장할 수 있습니다. 시간이 지날수록 후자는 '스스로 가르치는 능력'을 키워 새로운 지식을 더욱 능숙하게 습득할 수 있기 때문입니다. 특히 요즘처럼 빠르게 발전하는 시대에는 지식 습득 능력이 지식 그 자체보다 훨씬 중요합니다. 한 가지 지식을 익혀 평생 활용하기가 어려워졌으며 끊임없이 문명의 발전에 맞춰 새로운 지식을 익히고 성장해야 합니다. 그러기 위해서는 능동적인 지식 습득이 중요합니다. 새로운 지식을 얻기 위해 이 책을 펼친 여러분처럼 말이죠. 이 책의 내용이 독자 여러분 중 누군가에겐 어렵다고 느껴질 수도 있습니다. 아마 '내가 읽기에는 너무 어려워'라는 생각이 드는 분도 계시겠죠. 하지만 포기하지 마세요! 책의 내용을 완벽하게 이해할 필요는 없습니다. 너무 막막한 부분이 있으면 그냥 넘어가도 좋습니다. 중요한 건 끝까지 완성하고, 이를 통해 지식 습득에 대한 능력과 자신감을 얻는 것입니다. 인공지능을 위한 지식을 익히고, 그것을 활용해보는 경험은 앞으로 첨단 과학기술과 함께 살아갈 여러분에게 큰 자산이 될 것입니다. 생소하고, 막막할 수도 있는 분야에 과감히 발을 내디딘 여러분의 용기에 큰 박수를 보내며 이만 줄이겠습니다 :)"

Numpy는 Numerical Python의 약자로 다차원 배열 연산 등 수치 해석과 관련된 작업들을 쉽게 처리하기 위한 Python 라이브러리다. Python은 사용법이 간편하다는 장점이 있지만 C, JAVA 등의 컴파일 언어에 비하여 성능이 떨어지는데 NumPy는 C를 이용한 내부 구현을 통해 이를 극복하고 높은 성능을 제공한다. 사용성과 성능, 두 마리 토끼를 모두 잡은 NumPy는 데이터 분석, 이미지 처리, 천체물리학 연구, 딥러닝 등 다양한 과학/기술 연구에서 Python이 널리 사용되게 만든 일등공신이다. 그렇기에 Python으로 과학/기술과 관련된 작업을 하기 위해서는 NumPy에 대한 이해가 필수적이다.

Module 3에서는 NumPy를 사용하기 위한 기초적인 지식들을 제공한다. 우리는 먼저 '차원'이라는 용어에 대해 정의하고 다차원 배열이란 무엇인지 알아볼 것이며 그 후 NumPy 의 다차원 배열을 어떻게 생성하고, 활용할 수 있을지에 대해 탐구해볼 것이다.

3.1 차원

'차원'이라는 말을 들었을 때 어떤 것이 가장 먼저 떠오르는가? "그 일은 차원이 달라", "그 친구는 4차원이야" 등 우리 생활 속에서 '차원'이라는 단어는 빈번하게 사용되기에 생소하지는 않을 것이다. 수학에서도 이 단어는 정말 중요하게 사용되는데 '차원'의 수학적 정의, 정확히는 선형대수학적 정의를 쉽게 풀어보자면 다음과 같다. '어떤 공간의 차원이란 그 공간에 속한 모든 것들의 위치를 나타내기 위해서 필요한 수의 최소 개수'. 원래 선형대수학에서 상당히 중요하게 정의되고 사용되는 개념이라 풀어썼음에도 어려운 것 같다. 그렇지만 딱히 직관에 위배되는 용어는 아니라 몇 가지 예시만 있다면 쉽게 이해할 수 있을 것이다.

먼저 지도를 생각해보자. 지도의 모든 위치는 위도와 경도, 두 가지 숫자로 표현할 수 있다. 여기서 우리는 '두 가지'라는 단어에 집중하면 된다. 지도에 속한 모든 것들의 위치는 최소 두 가지의 수로 표현할 수 있기에 지도의 차원은 2차원이다. 여름밤마다 우리를 괴롭히는 모기의 위치는 어떻게 표현할 수 있을까? 모기가 문이 닫힌 방에 있다고 가정하고 방바닥을 기준점로 삼는다면 모기의 위치를 나타낼 수 있는 방법은 총 세 가지이다. 모기가 방바닥의 기준점으로부터 동쪽 방향으로 떨어진 거리, 북쪽 방향으로 떨어진 거리, 그리고 천장 방향으로 떨어진 거리(즉, 높이), 이렇게 세 가지 수로 말이다. 이때 '모기가 존재하는 방'이라는 공간은 우리에게 몇 차원인가? 여기까지 잘 따라왔다면 3차원이라고 쉽게 대답할 수 있을 것이다.

50 m 단거리 달리기를 할 때 주자의 위치(물론 어느 라인에서 달리는지에 대한 정보는 중요치 않아 생략한 상황이다)는 몇 차원 공간에서 표현 가능한가? 이건 좀 생소할 수 있을 것 같으니 시간을 들여 생각해보자. 답은 1차원이다. 출발점으로부터의 거리, 단 하나의 값으로 모든 주자의 위치를 표현할 수 있기 때문이다. 이제 슬슬 감이 오지 않는가? 바둑을 둘 때 바둑판은 몇 차원인가? 2차원. 체스를 둘 때 체스판은 몇 차원인가? 2차원. 이제 우리는 '차원'을 이해했다.

3.2 다차원 배열

Python에서의 배열(즉, 리스트)은 자료들이 순서를 가지면서 모여 있는 자료형이다.

```
>>>   array_1 = [1, 3, 5]
>>>   array_1[0]
1
>>>   array_1[1]
3
>>>   array_1[2]
5
```

array_1은 1, 3, 5라는 자료들이 순서를 가지고 모여 있는 자료형이다. 1이 0순위이고, 3은 1순위, 5는 2순위다. Python에서의 순위는 0부터 시작하기에 각각 0, 1, 2로 접근할 수 있다. 여기까지는 아마 여러분도 아는 내용일 것이다. 그렇다면 사고를 좀 더 확장하여 배열이라는 자료형을 공간으로 생각해보자. 이 공간에는 1, 3, 5라는 자료들이 위치해 있다. 이 자료들의 위치를 표현하기 위해 우리는 몇 개의 수가 필요한가? 답은 한 개다. 우리는 각 자료들의 순위만을 가지고 위치를 알아내어 접근할 수 있었다. array_1은 따라서 1차원 공간이다. 이렇게 1차원 공간인 배열을 우리는 1차원 배열이라고 부른다.

```
>>>   array_2 = [[1, 3, 5], [7, 8, 9]]
>>>   array_2[0]
#   1차원 배열을 얻는다.
[1, 3, 5]
>>>   array_2[0][2]
5
```

이제 array_2를 보도록 하자. array_2는 여러 배열이 순서를 갖고 하나의 배열을 이룸으로써 만들어진 자료형이다. 때문에 array_2 [0]으로 접근하면 우리는 배열을 얻는다. array_2를 구성하는 가장 작은 구성 요소(원소라고 부르겠다.)인 1, 3, 5, 7, 8, 9에 접근하려면 array_2 [0]로 접근해서 얻은 배열에서 원소를 한번 더 꺼내 줘야 한다. 이제 array_2 [0][2]가 5라는 원소를 성공적으로 반환하는 것을 볼 수 있다. array_2 [0][2]를 풀어쓰면 다음과 같다. 'array_2의 첫 번째(0이니까 첫 번째이다) 순서의 배열에서 세 번째 원소를 꺼내 줘'. 이렇게 array_2의 원소에 접근하려면 우리는 최소 두 개의 순위를 명시해줘야 한다. 따라서 array_2는 2차원 공간이고 2차원 배열이라고 부른다. 2차원 배열을 좀 더 자세히 들여다보면 1차원 배열들의 1차원 배열이라고 해석할 수도 있다. 1차원 배열 안에 1차원 배열들이 들어있으니 어떤 1차원 배열에 접근할지에 대한 값이 하나 필요하고, 그 후 해당 1차원 배열에서 원소에 접근하기 위한 값이 하나 더 필요하기에 1 + 1 = 2, 2차원 배열이 되는 것이다.

```
>>>   array_3 = [[[1, 3, 5], [7, 8, 9]], [[1, 3, 5], [7, 8, 9]]]
>>>   array_3[0]
#   2차원 배열을 얻는다.
[[1, 3, 5], [7, 8, 9]]
>>>   array_3[0][0][2]
5
```

그렇다면 3차원 배열은 어떻게 만들면 될까? 설명을 제대로 이해했다면, 2차원 배열들의 1차원 배열을 통해 만들면 된다는 것을 직관적으로 알 수 있을 것이다. 3차원 배열의 원소는 3개의 수를 명시해줘야 얻을 수 있다.

이제 위의 두 사례를 일반화해보자. 어떤 배열의 원소에 접근하기 위해 N개의 수를 명시해줘야 한다면 그 배열은 N 차원 배열이라고 할 수 있다. N 차원 배열은 1차원 배열이 겹겹이 중첩된 형태로 표현된다. N 차원 배열은 N-1 차원 배열들로 이루어진 1차원 배열이다. 이런 특징은 다차원 배열의 shape 이라는 것을 정의할 수 있게 해주는데 shape에 대한 설명을 하기에 앞서 예시를 먼저 드는 것이 이해에 도움이 될 것이다. array_1의 shape은 (3,)이다. array_2의 shape는 (2, 3)이다. array_3의 shape는 (2, 2, 3)이다. 공통 점을 발견했는가? 다차원 배열을 구성하는 1차원 배열들을 양파 껍질 까듯이 까내려가며 바깥 쪽의 1차원 배열부터 그 길이를 차례대로 나타낸 것이 shape이다. shape은 다차원 배열의 형태를 결정한다. 예컨대 shape이 (4, 5)인 다차원 배열은 길이가 5인 1차원 배열 4개로 구성된 1차원 배열의 형태로 나타난다.

이렇게 여러 가지 차원의 배열을 선언하고 연산에 활용하는 것은 과학/기술 연구에 있어 매우 중요하다. 다차원 배열을 통해 복잡한 현상을 간단하고 아름답게 표현할 수 있기 때문이다. NumPy는 이런 다차원 배열의 선언과 연산을 쉽고 빠르게 만들어준다. 그럼, 지금 부터 NumPy에 대해 본격적으로 알아보자.

3.3 NumPy 간략히 살펴보기

NumPy에 대한 구체적인 설명을 하기에 앞서 간략히 NumPy가 어떤식으로 사용되는지 살펴보자. 뒤에서 차근차근 자세히 설명할 예정이니 여기서 이해하지 못해도 전혀 조급해 할 필요는 없다. 단지 머릿속에 큰 그림만 그릴 수 있다면 그걸로 충분하다 :)

```
>>> import numpy as np
>>> x = np.array([0, 1, 2, 3, 4, 5, 6, 7, 8])
# 다차원 배열은 type 'numpy.ndarray'이다.
>>> type(x)
numpy.ndarray
>>> isinstance(x, np.ndarray)
True

>>> x = x.reshape(3,3)
>>> x
array([[0, 1, 2],
       [3, 4, 5],
       [6, 7, 8]])

>>> x[:2, :3]
array([[0, 1, 2],
       [3, 4, 5]])
```

다른 라이브러리와 마찬가지로 import를 통해 numpy를 사용한다. 보통 np라는 약자로 많이 사용하는 편이다. 앞으로 np라는 단어를 보면 numpy라고 이해하면 된다. np.array( )는 NumPy의 다차원 배열 자료형을 생성해주는 함수이다. type을 확인해보면 np.array( )로 생성한 자료는 numpy의 ndarray 자료형인 것을 확인할 수 있다. numpy의 장점 중 하나는 다차원 배열의 형태를 유연하게 변경할 수 있다는 것인데 이는 reshape라는 함수로 이뤄진다. 위의 예시 코드에서는 reshape 함수를 통해 9개의 원소를 가지는 1차원 배열을 shape (3, 3)의 2차원 배열로 변경했다. numpy는 또한 다차원 배열에 대한 접근을 굉장히 편리하게 만들어준다. 예시 코드의 마지막 줄에서 x[:2, :3]은 2차원 배열 x가 갖는 0, 1순위 1차원 배열을 가져온 후, 각 1차원 배열이 갖는 0, 1, 2순위 자료들을 가져와 재구성하는 상황을 보여준다.

3.4 NumPy 다차원 배열의 축

```
>>> x
array([[0, 1, 2],
       [3, 4, 5],
       [6, 7, 8]])
```

위에서 만들었던 x이다. x의 원소 중 5의 위치를 어떻게 말로 표현할 수 있을까? 지금껏 배웠던대로 라면 'x의 1번 1차원 배열([3, 4, 5])의 2번 원소'라고 표현해야 할 것이다. 너무 길다는 생각이 들지 않는가? 때문에 우리는 가장 바깥의 배열을 0번 축으로 부르고 0번 축 안에 감싸진 배열을 1번 축이라고 부르기로 한다. 만약 다차원 배열이 3차원이라 1번 축이 또 다른 배열을 감싸고 있다면 1번 축 안의 그 배열을 2번 축으로 부른다. 배열의 위치가 깊어질수록 축의 번호가 하나씩 증가하는 것이다. 이제 다시 x의 원소 중 5의 위치를 표현해보자. 'x의 0번 축에서 1번, 1번 축에서 2번'. 이전보다 간결해진 것을 확인할 수 있다. 보통 2차원 배열이 가장 빈번하게 사용되기에 2차원 배열에서 0번 축은 '행', 1번 축은 '열'이라는 별명을 가진다.

```
          — 1번째 축 →
             0   1   2
           +---+---+---+
  |      0 | 0 | 1 | 2 |
0번째 축   +---+---+---+
  |      1 | 3 | 4 | 5 |
  ↓        +---+---+---+
         2 | 6 | 7 | 8 |
           +---+---+---+
```

행은 가로, 열은 세로라고 생각하면 이해하기 편할 것이다. 행과 열을 이용해 5의 위치를 표현하면 'x의 1행 2열'로 정말 편리하게 나타낼 수 있다. 왜 행과 열이라는 표현이 즐겨 쓰이는지 감이 좀 올 것이다.

축을 이용하면 위에서 정의한 다차원 배열의 shape도 간결하게 정의할 수 있다. shape은 다차원 배열의 각 축의 길이를 0번 축부터 차례로 나타낸 것이다. 2차원 배열에서 shape은 (행의 길이, 열의 길이)로도 정의된다.

3.5 NumPy 다차원 배열을 생성하기

이제 본격적으로 NumPy를 활용해보자. NumPy는 다차원 배열을 생성하기 위한 다양한 방법을 지원하는데 이를 통해 우리는 상황마다 가장 적절한 방법을 통해 효율적으로 필요한 다차원 배열을 생성할 수 있다.

A.

np.array는 기존 Python의 list로부터 NumPy 다차원 배열을 생성할 수 있게 해준다.

```
# 파이썬의 숫자들로 구성된 list -> numpy 1차원 배열
>>> np.array([1., 2., 3.])  # shape: (3,)
array([ 1., 2., 3.])

# 파이썬의 숫자들로 구성된 list의 list -> numpy 2차원 배열
>>> np.array([[1., 2., 3.], [4., 5., 6.]])  # shape: (2, 3)
array([[1., 2., 3.],
       [4., 5., 6.]])
```

B.

np.zeros는 np.zeros(shape)로 만들 수 있는데 이때 지정한 shape을 가지면서 모든 원소가 0인 다차원 배열을 만들어 낸다. np.ones는 마찬가지로 입력한 shape를 가지고 모든 원소가 1인 다차원 배열을 만들어 낸다.

```
# shape = (3, 4), 그리고 모든 원소 0
>>> np.zeros((3, 4))
array([[0., 0., 0., 0.],
       [0., 0., 0., 0.],
       [0., 0., 0., 0.]])

# shape = (4,), 그리고 모든 원소 1
>>> np.ones((4,))
array([1., 1., 1., 1.])
```

C.

np.arange는 1차원 배열을 만드는 것에 유용하다. np.arange는 '시작점(이 값은 포함),

끝점(이 값은 포함하지 않고 이 값보다 하나 작은 값까지 포함), 증가량'의 총 세 가지 값을 입력받아야 한다. 시작점에서 증가량 만큼 증가시키며 끝점 전까지 이어지는 1차원 배열을 만들고 싶을 때 유용하다. np.linspace 또한 1차원 배열을 만들 때 사용할 수 있으며 마찬가지로 세 가지 값을 입력받는데 이는 '구간의 시작, 구간의 끝, 만들 점의 개수'이다. 특정 구간에서 양 끝점을 포함하고 명시한 개수만큼의 점으로 이루어진 1차원 배열을 만들고자 할 때 유용하다.

```
>>> np.arange(0, 10, 1)  # 시작점(포함): 0, 끝점(미포함): 10, 증가량: 1
array([0, 1, 2, 3, 4, 5, 6, 7, 8, 9])

# 값을 하나만 입력하면 끝점을 의미하게 되며 시작점은 0, 증가량은 1을 기본값으로 가지게 된다.
>>> np.arange(10)  # start: 0, stop: 10, step:1
array([0, 1, 2, 3, 4, 5, 6, 7, 8, 9])

>>> np.arange(-5, 6, 2)  # 시작점: -5, 끝점: 6, 증가량:2
array([-5, -3, -1, 1, 3, 5])

# [-1, 1] 사이에 존재하는 다섯개의 균일하게 분포된 점들(양 끝점 포함) 생성
>>> np.linspace(-1, 1, 5)
array([-1., -0.5, 0., 0.5, 1.])

# [3, 4] 사이에 존재하는 두개의 균일하게 분포된 점들(양 끝점 포함) 생성
>>> np.linspace(3, 4, 2)
array([ 3., 4.])
```

D.

np.random은 입력한 shape를 가지면서도 임의의 값들로 원소들을 채워넣고 싶을 때 사용할 수 있다.

```
# shape = (3, 3)이며 각 원소는 0보다 같거나 크고 1보다 작은 구간에서 골고루 뽑은 값으로
채워 넣은 다차원 배열 생성
>>> np.random.rand(3, 3)
array([[0.09542611, 0.13183498, 0.39836068],
       [0.7358235 , 0.77640024, 0.74913595],
       [0.37702688, 0.86617624, 0.39846429]])
```

```
# shape = (5,)이며 각 원소는 0보다 같거나 크고 1보다 작은 구간에서 골고루 뽑은 값으로 채
워 넣은 다차원 배열 생성
>>> np.random.randn(5)
array([-1.11262121, -0.35392007, 0.4245215 , -0.81995588, 0.65412323])
```

3.6 NumPy 다차원 배열의 속성

NumPy 다차원 배열은 다양한 속성을 가진다. 아래의 example_array는 배열안에 배열 안에 배열이 있는 3차원 배열이다. ndarray.ndim을 통해서는 해당 다차원 배열이 몇 차원인지 얻을 수 있다. ndarray.shape를 통해서는 위에서 설명한 다차원 배열의 shape를 얻을 수 있다. ndarray.size를 통해서는 ndarray의 모든 원소의 개수를 얻을 수 있는데 이는 ndarray.shape에 존재하는 수들을 모두 곱한것과 같은 값이다.(이유는 반드시 스스로 고민해보도록 하자)

```
>>> import numpy as np
>>> example_array = np.array([[[0,1, 2, 3],
...                             [4,5, 6, 7]],
...
...                            [[8, 9, 10, 11],
...                             [12, 13, 14, 15]],
...
...                            [[16, 17, 18, 19],
...                             [20, 21, 22, 23]]])
#  다차원 배열의 차원
>>> example_array.ndim
3
#  다차원 배열의 shape
>>> example_array.shape
(3, 2, 4)
#  다차원 배열의 size
>>> example_array.size
24
```

3.7 NumPy 다차원 배열의 접근

지금까지 우리는 NumPy 다차원 배열이란 무엇이고, 어떻게 생성하고, 어떤 속성을 가지고 있는지 알아봤다. 이제 본격적으로 NumPy 다차원 배열이 가지고 있는 값들에 어떻게 접근할 수 있는지 알아보겠다. 우선 가장 간단한 1차원 배열부터 살펴보자.

```
>>> simple_array = np.array([2.3, 0.1, -9.1])
>>> simple_array[0]
2.3

>>> simple_array[-2]
0.1
>>> simple_array[1:3]
array([ 0.1, -9.1])
>>> simple_array[3]
IndexError: index 3 is out of bounds for axis 0 with size 3
```

앞서 설명한대로 1차원 배열은 그 안의 원소의 위치를 명시하기 위해 단 하나의 값만 필요하다(차원의 정의를 떠올려 보자). 다시 말해 0번째 축의 방향으로 몇 순위인지만 나타내면 된다. 따라서 simple_array[0]을 통해 0번째 원소 2.3에 접근할 수 있다. NumPy의 다차원 배열은 Python의 list와 마찬가지로 음수로도 값을 가져올 수 있는데 −n은 제일 끝에서 n 번째 원소라는 뜻이다. 따라서 simple_array[−2]로 끝에서 2번째 원소인 0.1을 가져올 수 있다. ':' 기호는 배열에서 하나의 원소가 아니라 여러개의 원소를 가져오고 싶을 때 사용한다. 'a:b'라면 a번째를 포함해서 b를 포함하지 않는 바로 직전까지를 의미한다. 즉, a, a+1, …, b−2, b−1번째 원소들을 가져오는 것이다. 위의 예시를 보면 1:3이니 1, 2번째 원소를 한번에 가져오라고 명령한 것과 동일하다는 것을 알 수 있다. a가 생략되면 0번 부터를 의미하고, b가 생략되면 끝까지를 의미한다. 예컨대 'a:'는 'a, a+1, …, 마지막 원소'를 의미하고 ':b'는 0, 1, 2, …, b−2, b−1을 의미하며, ':'는 배열 전체를 의미한다. 축의 길이를 넘는 값을 명시하면 IndexError가 발생한다. 이제 2차원 배열을 살펴보자.

```
#   Python 배열로 부터 NumPy 2차원 배열을 생성한다.
>>> grades = np.array([[93,  95],
...                    [84, 100],
```

```
...                        [99,  87]])
#   shape는 3, 2이다.
>>> grades.shape
(3, 2)
#   2차원 배열에 접근하기 위해서는 2개의 값을 명시해야 한다.
>>> grades[1, 0]
84

#   마찬가지로 음수도 사용가능하다.
>>> grades[-2, 0]
84
>>> grades[0:3, 1]
array([95, 100, 87])
>>> grades[1:, 1]  # grades[1:3, 1]와 같은 표현(b가 생략이면 끝까지를 의미)
array([100, 87])

>>> grades[:, :1]  # grades[0:3, 0:1]와 같은 표현(a가 생략이면 0부터를 의미)
array([[93],
       [84],
       [99]])
>>> grades[:, -1]
array([95, 100, 87])
>>> grades[0]
array([93, 95])
```

2차원 배열에 접근하기 위해서는 두개의 값을 명시해줘야 하는데 순서대로 [0번 축, 1번 축]을 의미한다. 따라서 grades[1, 0]은 0번 축으로 1번째, 1번 축으로 0번째에 위치한 84라는 값을 가져온다. 음수와 ' : ' 기호도 1차원 배열에 사용했던 것처럼 그대로 활용 가능하다. [−2, 0]은 −2번 행의 0번 열을 가져오라는, [0:3, 1]은 0, 1, 2번 행의 1번 열에 있는 값들을 가져오라는 의미를 지닌다. [:, :1]는 상황이 좀 복잡한데 해석하자면 '모든 행의 0번(:1이니 0 밖에 없다) 열들의 값들을 가져오라'이다.

grades[0]이라고 명령하면 어떻게 될까? 그대로 해석하면 0번째 축의 0번 값을 가져오라는 것이다. 2차원 배열이니 0번째 축은 1차원 배열을 포함하는 배열일 것이고 따라서 0번 축의 첫 번째 1차원 배열인 [93, 95]를 얻을 수 있다. 이제 3차원 배열을 살펴볼 차례이다. 사실 차원이 늘어난다고 해서 크게 바뀌는 것은 없다. 원칙은 그대로 유지된다. n차원 배열이면 '[0번 축, 1번 축, …, n−1번 축]'을 이용해 값을 가져올 수 있다. 위에서와 마찬가지로 n-2번 축까지만 명시하면 1차원 배열이 튀어나올 것이며 n-3번 축까지만 명시하면 n-3번 축은 n-2번 축이 n-1번 축을 감싸고 있는 2차원 배열로 이루어졌으므로 2차원 배열을 얻게 된다. 음수와 ':' 기호 모두 2차원 배열에서 그랬던 것처럼 자유롭게 활용할 수 있다. 얼마나 잘 활용할지는 사용자의 몫이다.

```
>>> d3_array = np.array([[[0, 1],
...                       [2, 3]],
...
...                      [[4, 5],
...                       [6, 7]]])
>>> d3_array[0, 1, 0]
2
>>>  d3_array[:, 0, 0]
array([0, 4])
>>> d3_array[1]
array([[4, 5],
       [6, 7]])
```

지금까지 설명을 잘 따라왔다면 별다른 설명 없이도 위의 코드를 잘 이해할 수 있을 것이다. 혹시나 이해가 안된다면 스스로 고민해보는 시간을 가져보자. 계속 고민하다보면 무릎을 탁 치며 이해되는 순간이 올 것이다.

```
# creating a 0-dimensional array
>>> x = np.array(15.2)

# you cannot index into a 0-D array
>>> x[0]
---------------------------------------------------------------------------
IndexError                                Traceback (most recent call
last)
<ipython-input-10-2f755f117ac9> in <module>()
----> 1 x[0]

IndexError: too many indices for array

>>> x.item()
15.2
```

위의 코드는 0차원 배열을 설명한다. np.array(15.2)로 15.2라는 값을 가지는 0차원 배열을 생성할 수 있다. 0차원 배열은 값을 가져오기 위해 0개의 값이 필요하다. 때문에 x[0]은 성립할 수 없다(값을 가져오기 위해 0이라는 1개의 값을 사용했기 때문이다). x는 np.array([15.2])와는 다른 성질을 가지는 것이다. 0차원 배열은 `.item()`을 이용해 그 값을 가져올 수 있다.

3.8 NumPy 다차원 배열의 형태 변경하기

NumPy는 다차원 배열의 원소 개수는 유지하며 shape를 바꾸기 위해 reshape 함수를 지원한다.

```
>>> import numpy as np
>>> x = np.array([0, 1, 2, 3, 4, 5])

# shape-(6,)인 1차원 배열을 shape-(2,3)인 2차원 배열로 변경한다.
>>> x.reshape(2, 3)
array([[0, 1, 2],
       [3, 4, 5]])
#   x = x.reshape(2, 3)와 같은 역할을 한다.
>>> x.shape   = (2, 3)
#   5개의 원소를 가지는 배열은 원소의 개수가 모자라서(5 < 6) (3, 2) shape으로 변경될 수 없다.
>>> np.array([0, 1, 2, 3, 4]).reshape(3, 2)
ValueError: total size of new array must be unchanged

>>> x = np.array([[0, 1, 2, 3],
...               [4, 5, 6, 7],
...               [8, 9, 10, 11]])

#   (3, 4)를 (2, 3, 2)로 변경
>>> x.reshape(2, 3, 2)
array([[[0, 1],
        [2, 3],
        [4, 5]],

       [[6, 7],
        [8, 9],
        [10, 11]]])
```

```
#   np.arange(36)는 shape-(36,)인 배열 ([0, 1, 2, ..., 35])을 생성한다.
#   우리의 편의를 위해 NumPy는 -1 을 넣어주면 들어가야 할 수를 스스로 계산해준다.
np.arange(36).reshape(3, 4, 3)   # (36,) --reshape--> (3, 4, 3)
np.arange(36).reshape(3, 4, -1) # NumPy가 -1을 36/(3*4) -> 3로 대체한다.
np.arange(36).reshape(3, -1, 3) # NumPy가 -1을 36/(3*3) -> 4로 대체한다.
np.arange(36).reshape(-1, 4, 3) # NumPy가 -1을 36/(3*4)   -> 3로 대체한다.
np.arange(36).reshape(3, -1, -1) # -1은 reshape 에서 최대 1개 사용가능하다.
---------------------------------------------------------------------------
ValueError                            Traceback  (most recent call last)
<ipython-input-3-207d18d18af2> in   <module>()
----> 1 np.arange(36).reshape(3, -1, -1)

ValueError: can only specify one unknown dimension
```

reshape는 shape를 입력 받아 해당 shape으로 다차원 배열을 변경해주는데 이 때 원래 다 차원 배열의 개수와 바꿀 shape가 가지게 될 원소의 개수가 동일해야 한다.

새로 변경된 shape에서 원소들은 어떤 순서로 채워질까?

```
# [[0,1,2,3],[4,5,6,7],[8,9,10,11]]
>>> x = np.array([[0, 1, 2, 3],
...               [4, 5, 6, 7],
...               [8, 9, 10, 11]])
# [[[0,1],[2,3],[4,5]],[[6,7],[8,9],[10,11]]]
>>> x.reshape(2, 3, 2)
array([[[0, 1],
        [2, 3],
        [4, 5]],

       [[6, 7],
        [8, 9],
        [10, 11]]])
# 정리하자면
# [[0,1,2,3],[4,5,6,7],[8,9,10,11]]
# 를
# [[[0,1],[2,3],[4,5]],[[6,7],[8,9],[10,11]]]
# 로 변경했다.
```

잘 살펴보면 reshape는 기존 다차원 배열의 표현식(다차원 배열을 일렬로 숫자와 [,] 기호를 사용해 표현한 것) '[[0,1,2,3],[4,5,6,7],[8,9,10,11]]'에서 원소들의 위치는 고정한 채로 '[,]' 기호들을 제거하거나 추가하는 과정을 통해 '[[[0,1],[2,3],[4,5]],[[6,7],[8,9],[10, 11]]]'라는 새로운 shape의 표현식을 얻어내고, 형태를 변경한다는 것을 발견할 수 있다. 이 점을 생각하면 reshape를 하고 난 후에 어떤 원소들이 어떤 위치에 들어가는지 쉽게 이해할 수 있을 것이다.

NumPy는 우리의 편의를 위해 shape에 −1을 넣는 것도 허용해주는데 이렇게 −1을 넣어주게 되면 NumPy가 원소의 개수를 맞추기 위해 −1이 위치한 자리에 와야할 수를 스스로 개산하여 shape를 바꿔준다. 위의 코드를 보면 36개의 원소를 가지는 shape를 만들기 위해 나누기를 사용하여 −1 자리에 위치할 수를 계산하는 것을 확인할 수 있다. −1은 최대 하나만 사용할 수 있는데 두 개 이상 사용하게 되면 여러 경우의 수가 생겨 NumPy가 어떤 shape을 사용해야 할지 스스로 결정할 수 없기 때문이다.

3.9 NumPy 다차원 배열 순회하기

NumPy는 다차원배열의 원소들을 하나씩 순회하기 위한 np.ndenumerate 함수를 제공한다. 첫 번째 순회를 보면 (0, 0, 0)은 원소의 위치, 25는 원소의 값을 의미한다는 것을 알 수 있다. 원소의 순회는 다차원배열 표현식('[[[25,6,-35],[9,-40, -29]], [[-8,2,-37], [17, 10, -45]]]')을 기준으로 왼쪽부터 오른쪽으로 진행된다.

```
>>> import numpy as np

>>> x = np.array([[[25, 6, -35],
...                [9, -40, -29]],
...
...               [[-8, 2, -37],
...                [17, 10, -45]]])

>>> [i for i in np.ndenumerate(x)]
[((0, 0, 0), 25),
 ((0, 0, 1), 6),
 ((0, 0, 2), -35),
 ((0, 1, 0), 9),
 ((0, 1, 1), -40),
 ((0, 1, 2), -29),
```

```
((1, 0, 0), -8),
((1, 0, 1), 2),
((1, 0, 2), -37),
((1, 1, 0), 17),
((1, 1, 1), 10),
((1, 1, 2), -45)]
```

지금까지 Numpy의 기초적인 내용들을 함께 살펴봤다. 앞선 언급한 것처럼 NumPy는 굉장히 다양한 분야에서 널리 사용되는 라이브러리다. 때문에 대충 이해하고 넘어간다면 더 복잡한 작업을 수행할 때 차질이 발생할 확률이 다분히 높다. 이번 모듈 3의 설명을 바탕으로 NumPy는 꼭 제대로 이해하도록 하자. NumPy에 대한 더욱 자세한 설명과 자료는 아래의 참고 자료에서 확인할 수 있다.

참고 웹사이트

〈https://www.pythonlikeyoumeanit.com/module_3.html〉

Module 4 객체 지향 프로그래밍

4.1 교육 목표

본 Module 4의 교육 목표는 객체 지향 프로그래밍의 개념을 이해하고 그것을 바탕으로 Python에서 기본적인 객체 지향 프로그래밍을 구현할 수 있는 것으로 한다. 이를 위해 문제 상황을 제기하여 여러 단계를 거쳐서 객체 지향 프로그래밍을 적용시켜 해결하는 설명 방식을 택하였다. 이는 문제 해결 능력과 프로그램 설계에 대한 직관적 이해를 높이기 위한 시도이다.

4.2 객체 지향 프로그래밍이란?

4.2.1 객체 지향 프로그래밍의 필요성

우리가 어느 과일 가게 사장이라고 가정하자. 우리의 가게는 수많은 과일들을 보유하고 있고, 이를 관리하는 작업이 필요하다. 각 과일의 정가, 원가, 원산지, 할인율 등의 각 특성들을 기록하고 관리해야 한다고 하자. 우리 가게에는 사과, 딸기, 오렌지만 판다고 가정했을 때 각 특성들을 다음과 같이 정리할 수 있다:

```
apple정가 = 2000
strawberry정가 = 1000
orange정가 = 3000
apple원가 = 1000
strawberry 원가 = 500
orange원가 = 1500
apple원산지 = "대전"
strawberry원산지 = "대구"
orange원산지 = "제주도"
apple색깔 = "초록"

def 할인율(정가, 과일):
    if 과일 == "apple":
        return 0.4
    elif 과일 == "strawberry":
        return 0.2
    elif 과일 == "orange"
        return 0.3
```

그림 4.1 가게의 과일을 기록한 코드

각 과일마다 고유의 변수를 새롭게 만들었고, 할인율을 계산하는 함수에는 과일마다 조건문이 추가된다. 이러한 방식은 과일의 종류가 적으면 사용할 수 있겠지만 과일의 종류가 수십 개, 수백 개에 이르게 된다면 감당할 수 없는 수준이 된다. 과일을 3개만 기록하려 해도 코드가 벌써 18줄이나 필요하니 말이다. 왜 이런 문제가 발생한 것일까? 지금까지 우리가 사용한 프로그래밍 방식은 절차 중심의 방식이다. 여러 변수와 함수들을 기반으로 순서대로 어떻게 정보를 처리할 지에 집중하였다. 물론 이는 문제 해결의 과정을 묘사하는 데 훌륭한 방식이다. 그러나 우리의 문제에는 적합하지 않다. 객체 지향 프로그래밍에서는 객체의 특성들과 객체가 실행할 수 있는 함수들을 하나의 객체에 포함시켜서 이들을 손쉽게 접근할 수 있게 한다. 따라서 객체 지향 프로그래밍 사용하면 여러 객체들의 공통적인 특성과 함수를 쉽게 코딩할 수 있게 된다. 이제 우리의 프로그래밍 무기 중 하나가 될 객체 지향 프로그래밍에 대해서 배워 보자.

4.2.2 객체 지향 프로그래밍의 개념

4.2.2.1 객체

앞의 섹션에서 객체 지향 프로그래밍은 객체를 중심으로 다루는 프로그래밍 방법이라고 언급했다. 그렇다면 객체는 무엇인가? 객체는 쉽게 말해서 프로그래밍에서 처리의 대상이 되는 모든 것이 된다. 정수, 문자, list 등은 모두 객체의 예시가 된다. Python의 각 객체들이 갖는 변수와 함수들이 있고, 객체마다 작동 방식이 다르다.

```
fruit_list = ["apple", "orange", "strawberry"]
int number_of_fruits = len(fruit_list)
fruit_list.append("banana")
```

그림 4.2 객체를 사용한 예시

위 코드의 경우, fruit_list는 list 객체에 속하고 list의 원소의 개수를 구하는 len 함수는 정수 객체에 속하는 number_of_fruits에 저장된다. 그리고 list 객체의 함수인 append 함수가 호출되어 fruit_list에 banana가 추가된다.

객체 지향 프로그래밍은 이와 같은 객체를 새로 생성하여 객체의 변수와 함수를 정의하고 새로운 객체가 어떻게 작동할지를 묘사한다. 즉, 객체 지향 프로그래밍은 객체의 공통적인 코드의 모임이라고 할 수 있다. 이 부분만 이해한다면 객체 지향 프로그래밍을 전부 이해했다고 봐도 무방하다. 다시 한번 강조해도 모자라지 않다. 객체 지향 프로그래밍은 공통적인 코드의 묶음이다. 객체를 정의하였으면 같은 객체의 여러 복사본을 만들 수 있다. 이때 각 복사본을 인스턴스라고 한다. 이를 예를 통해 살펴 보자. 과일 가게로 돌아가자. 앞서의 문제를 해결하기 위해서 '과일'이라는 객체를 만들자. 이 객체에는 정가, 원가, 원산지, 할인율의 변수가 있고, 할인액을 계산하는 함수가 있다. 이를 다음과 같이 표현할 수 있다:

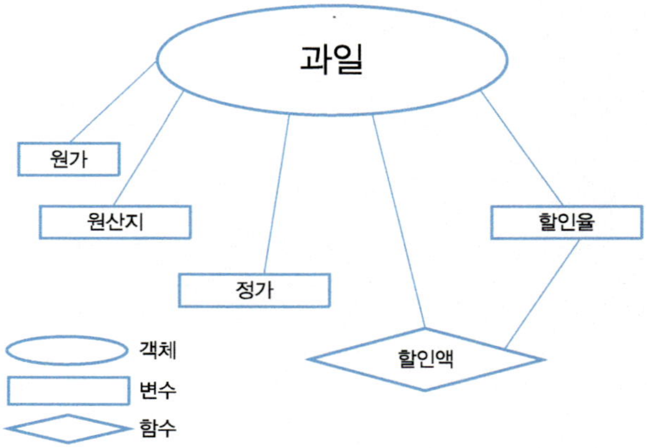

그림 4.3 과일 객체

이와 같이 객체를 정의하면 우리 가게에 있었던 사과, 딸기, 오렌지는 모두 과일 객체의 인스턴스가 된다. 사과, 딸기, 오렌지는 모두 같은 과일이지만 과일의 다른 종류이기도 한다. 이제 객체 지향 프로그래밍의 4가지 특징인 캡슐화, 정보 은닉, 상속, 다형성을 더 자세히 살펴보자. 단어들이 어렵게 느껴질 수 있지만 객체가 뭔지 이해했으면 절대 겁먹을 필요 없다. 이제 같이 차근차근 살펴보도록 하자.

4.2.2.2 캡슐화

'캡슐'은 알약을 뜻하는 영어 단어이다. 이를 알면 '캡슐화'는 어떠한 뜻인지 느낌이 올 것이다. 알약이 약을 삼키기 쉬운 형태로 만든 것처럼, 객체 지향 프로그래밍에서 캡슐화는 코드를 처리하기 쉬운 단위로 묶는 것을 의미한다. 이때 객체의 코드를 묶을 때 클래스를 사용하고 클래스를 통해 객체를 생성한다. Python에서 클래스를 어떻게 구현하는지는 다음 장에서 자세히 다뤄 보도록 한다. 클래스는 이름, 속성, 메서드, 생성자로 구성되어 있다. 먼저 클래스의 이름은 생성되는 객체의 이름이다. Python에서 int, float 등의 기본 객체들이 이름 있는 것처럼 새롭게 생성되는 객체에는 클래스로 이름을 붙여준다.[1)] 또한, 클래스에는 메서드와 속성이 포함된다. 메서드는 객체가 호출할 수 있는 함수이다. 메서드와 함수는 근본적인 차이가 없지만 대체로 코드 전체에 사용되는 일반적인

1) Python에서 기본 객체를 type, 새롭게 생성된 객체를 class로 부르는 관습이 있지만, 기술적 측면에서 type와 class에는 차이가 없다. 여기서 class로 봐도 무방하다.

코드의 모임을 함수, 객체에 속하는 함수를 메서드라고 한다. 속성은 객체에 저장되는 변수이다. 속성은 변수랑 근본적인 차이가 없지만 객체의 특성을 묘사하고 주로 생성자를 통해 설정한다. 생성자는 객체의 인스턴스가 생성될 때 실행되는 코드의 모임이다. 다양한 기능을 수행하는 코드를 생성자에 담을 수 있고, 주로 클래스를 정의하는 여러 변수들을 입력 받아 속성으로 설정한다. 지금까지의 내용을 그림으로 나타내면 다음과 같다:

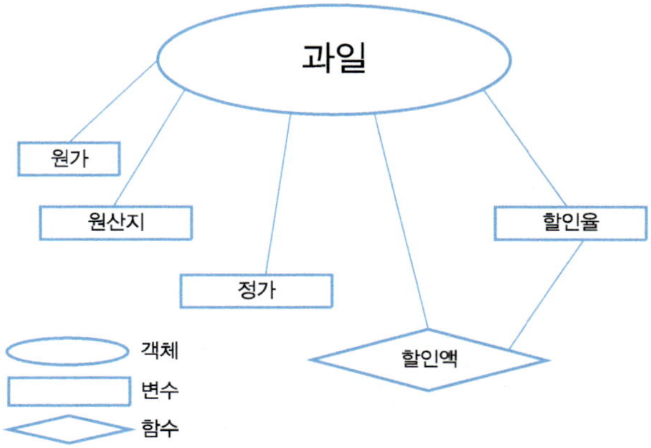

그림 4.4 클래스의 구조

4.2.2.3 정보 은닉

정보 은닉이란 정보를 감추는 것이다. 클래스가 캡슐화를 통해 코드를 삼키기 쉬운 알약 형태로 만들었다면 정보 은닉의 특성은 외부에서 알약 안에 어떠한 성분이 들어 있는지를 알 수 없다는 것을 의미한다. 코드에서 클래스로 새로운 인스턴스를 만들 때 클래스의 코드를 직접 볼 수 없다. 이는 단점으로 느껴질 수 있지만, 실제로 매우 유용한 특성이다. 우리는 매일 스마트폰을 즐겨 사용하지만 스마트폰 안에 들어 있는 부품들이 다 어떻게 작동하고 배치되어 있는지를 모른다. 스마트폰을 사용하기 위해 스마트폰의 작동 원리를 전부 숙지하고 있어야 한다면 머리가 매우 아플 것이다. 프로그래머들도 마찬가지다. 클래스의 메서드를 사용할 때마다 메서드의 코드를 알 필요는 없다. 단순히 호출하기만 하면 끝이다. 그러므로 클래스는 다른 사용자로부터 코드를 사용할 수 있게 하면서 지적 재산을 보호할 수 있고, 복잡한 코드의 원리를 모르는 사용자가 손쉽게 코드를 사용할 수 있게 도와줄 수 있다. 메서드의 이름만 잘 지어주면 복잡한 코드를 접하지 않고 대충 무슨 기능을 수행하는지를 알 수 있다. 예를 통해 살펴 보자. 다음은 MIT에서 개발한 Racecar 프로그램의 오픈 소스 ARMarker 클래스의 일부이다. 코드 전문은 다음 링크로 들어가면 확인할 수 있다.(https://github.com/MITLLRacecar/Student/blob/master/library/racecar_utils.py)

```python
class ARMarker:
    def __init__(self, marker_id, marker_corners):
        self.__id = marker_id
        self.__corners = marker_corners

        if self.__corners[0][1] > self.__corners[2][1]:
            if self.__corners[0][0] > self.__corners[2][0]:
                self.__orientation = Orientation.DOWN
            else:
                self.__orientation = Orientation.RIGHT
        else:
            if self.__corners[0][0] > self.__corners[2][0]:
                self.__orientation = Orientation.LEFT
            else:
                self.__orientation = Orientation.UP

        # Create fields to store the detected color and the area of that color's contour
        self.__color = "not detected"
        self.__color_area = 0

    def detect_colors(self, image, potential_colors):
        marker_top, marker_left = self.__corners[self.__orientation.value]
        marker_bottom, marker_right = self.__corners[(self.__orientation.value + 2) % 4]
        half_marker_height = (marker_bottom - marker_top) // 2
        half_marker_width = (marker_right - marker_left) // 2
        crop_top_left = (
            max(0, marker_top - half_marker_height),
            max(0, marker_left - half_marker_width),
        )
        crop_bottom_right = (
            min(image.shape[0], marker_bottom + half_marker_height) + 1,
            min(image.shape[1], marker_right + half_marker_width) + 1,
        )
        cropped_image = rc_utils.crop(image, crop_top_left, crop_bottom_right)

        for (hsv_lower, hsv_upper, color_name) in potential_colors:
            contours = rc_utils.find_contours(cropped_image, hsv_lower, hsv_upper)
            largest_contour = rc_utils.get_largest_contour(contours)
            if largest_contour is not None:
                contour_area = rc_utils.get_contour_area(largest_contour)
                if contour_area > self.__color_area:
                    self.__color_area = contour_area
                    self.__color = color_name
```

그림 4.5 아주 복잡한 클래스의 일부

위 클래스의 detect_colors 메서드는 AR Marker의 색깔을 인식한다. 하지만 AR Marker 클래스를 사용할 때 다음과 같이 호출만 하면 된다:

```python
marker = ARMarker(marker_id, marker_corners)
marker.detect_colors(image, potential_colors)
```

그림 4.6 detect_colors 호출

이처럼 클래스의 정보는 사용자로부터 숨겨져 정보를 보호할 수 있고, 편리성을 확보할 수 있게 된다.

4.2.2.4 상속

아이들은 부모님들로부터 유전자를 물려 받아 부모님들을 닮게 된다. 이처럼 클래스도 다른 클래스로부터 메서드와 속성을 상속 받을 수 있다. 이제 우리의 과일 가게가 사업 확장을 해서 과일 뿐만 아니라 채소도 팔 수 있게 되었다고 가정 하자. 그렇다면 채소 클래스에는 정가, 원가, 원산지, 할인율 등의 속성을 새롭게 코딩해야 하는가? 그렇지 않다. 기존에 과일 클래스의 속성과 메서드를 담는 '제품' 클래스를 만들어서 과일 클래스와 채소 클래스가 이로부터 속성과 메서드를 물려 받게 하면 된다. 그러면 추가적인 코드 없어도 과일과 채소의 정보와 할인액을 계산할 수 있게 된다. 아래는 이 상황을 그림을 나타낸 것이다:

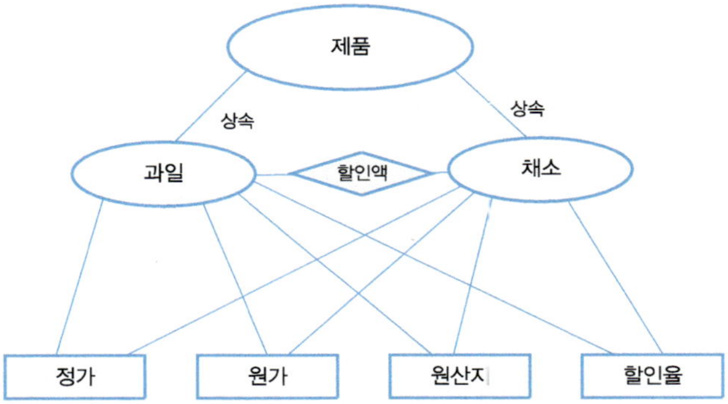

그림 4.7 과일과 채소 클래스 상속

이처럼 하나의 클래스가 다른 클래스에게 자신의 메서드와 속성을 사용할 수 있게 하는 것을 상속이라고 한다. 상속을 사용하는 이유는 간단하다. 똑같은 코드를 다시 작성하기 귀찮기 때문이다. 상속을 이용하면 불필요한 반복과 늘어난 코드로 인한 오류의 발생을 예방할 수 있다. 이처럼 상속은 여러 클래스에 사용하는 공통적인 코드를 공유할 수 있도록 한다.

4.2.2.5 다형성

채소와 과일 가게에서 채소는 주로 주말에 잘 안 팔리고 과일은 주중에 잘 안 팔린다고 하자. 그래서 판매량을 높이기 위해서 채소는 주말에, 과일은 주중에 할인을 적용하고자 한다. 이를 위해 할인액 메서드를 채소와 과일에 대해서 다음과 같이 수정한다.

```
def 할인액(요일, 할인율, 정가) :
    if 요일 in ("토요일", "일요일") :
        return 할인율 * 정가
    else :
        return 0
```

그림 4.8 채소의 할인액 메서드

```
def 할인액(요일, 할인율, 정가) :
    if 요일 in ("토요일", "일요일") :
        return 0
    else :
        return 할인율 * 정가
```

그림 4.9 과일의 할인액 메서드

그러나 과일과 채소는 이미 제품의 할인액 메서드를 상속 받고 있어서 같은 이름의 메서드를 각 클래스에 따로 정의하면 충돌이 일어나지 않을까? 그렇지 않다. 그것은 객체 지향 프로그래밍의 다형성 때문이다. 다형성이란 하나의 메서드가 클래스에 따라 다양한 모습을 갖출 수 있다는 것을 의미한다. 그러므로 우리의 채소와 과일의 할인액 메서드는 이름이 서로 같지만, 요일에 따라 다른 결과값을 출력하게 된다. 이러한 다형성의 특성 때문에 클래스는 하나의 메서드를 상속 받으면서도 클래스의 특성에 따라 메서드를 유연하게 수정할 수 있다.

이로써 객체 지향 프로그래밍의 특성을 모두 살펴 보았다. 이제 구체적으로 객체 지향 프로그래밍이 Python에서 어떻게 구현되는지를 살펴보기로 하자.

4.3 Python 클래스

4.3.1 클래스 만들기

앞의 섹션에서 다뤘던 클래스의 구성 요소를 떠올려보자. 클래스는 이름, 메서드, 속성, 생성자로 구성되어 있다. 본 섹션에서는 Python에서 클래스를 어떻게 생성하고 각 구성 요소들을 어떻게 클래스에 추가하는지를 살펴볼 것이다.

예로 앞에 다루었던 제품 클래스를 만들어 보자. Python에서 'class' 예약어를 통해 클래스를 만든다.

```
class 제품:



```

그림 4.10 비어 있는 제품 클래스

클래스가 만들어졌다. 이제 제품의 인스턴스를 만들어 보자. Python에서 인스턴스는 다음과 같이 생성한다.

```
product = 제품()
```

그림 4.11 제품 클래스의 인스턴스

위의 그림과 같이 변수 이름을 정의하고 클래스 이름 옆에 괄호를 붙여준다. 괄호는 생성자에 들어갈 변수들의 자리이지만, 지금 우리 클래스에는 생성자가 없으므로 비워둔다. 하지만 이 상태에서는 클래스를 가지고 아무것도 할 수 없다. 이제 클래스에 메서드와 속성을 추가해보자.

4.3.2 메서드와 속성

제품 클래스에 원가, 정가, 원산지, 할인율 변수를 추가해 보자. 다음과 같이 추가할 수 있다:

```
class 제품 :
    정가 = 1000
    원가 = 500
    원산지 = "대구"
    할인율 = 0.3
```

그림 4.12 제품 클래스의 속성

클래스 밖에서 속성들을 다음과 같이 참조한다.

```
product = 제품()
print(제품.정가)
print(제품.원가)
print(제품.원산지)
print(제품.할인율)
```

그림 4.13 제품 클래스 속성 참조

클래스 이름, 마침표, 속성 이름을 연결하면 된다. 위 코드의 출력 결과는 다음과 같다.

```
1000
500
대구
0.3
```

그림 4.14 속성 참조 출력 결과

클래스 외부에서 클래스 이름으로 클래스의 속성을 참조하면 클래스 내부에서는 클래스를 어떻게 참조할까? 이때 'self' 속성을 사용한다.[2] self는 주로 외부의 변수를 클래스의 속성으로 설정할 때 유용하게 쓰이고 클래스 안의 메서드나 생성자에서 참조한다.

2) self 속성은 Python에 내재되어 있는 예약어는 아니고 프로그래머들 사이에서 사용되는 관습적인 용어이다. 다른 속성 이름을 사용할 수 있지만, 다름 프로그래머들이 자신의 코드의 의미를 파악할 수 있도록 self를 사용할 것을 권장한다.

이제 클래스에 속성을 출력하는 메서드와 할인액을 계산하는 메서드를 추가해 보자.

```
class 제품 :
    def __init__(self, 정가, 원가, 할인율, 원산지) :
        self.정가 = 정가
        self.원가 = 원가
        self.할인율 = 할인율
        self.원산지 = 원산지

    def get_정가(self) :
        return self.정가
    def get_원가(self) :
        return self.원가

    def get_원산지(self) :
        return self.원산지

    def get_할인율(self) :
        return self.할인율
```

그림 4.10 속성 getter 설정

각 메서드는 속성을 출력하는 역할을 하며, 입력으로 'self'를 받는다. 이는 곧 클래스 내부에서 클래스를 참조함을 의미한다. self를 통해 각 속성을 참조하고 print 함수로 이를 출력한다.

이와 같이 클래스의 속성을 출력하는 메서드를 'getter'라고 한다. 클래스의 개수가 늘어나고 서로 상속되고 연관되면서 속성을 더 쉽게 관리하기 위해서 getter를 사용하는 경우가 많다. getter를 이용하여 속성을 출력하면 다음과 같다.

```
product = 제품()
product.get_원가()
product.get_원산지()
product.get_정가()
product.get_할인율()
```

그림 4.16 getter 호출

```
1000
500
대구
0.3
```

그림 4.17 출력 결과

getter 메서드와 같이 클래스의 인스턴스에 의해 호출되는 메서드를 인스턴스 메서드라고 한다. 인스턴스 메서드에서 클래스의 속성을 사용하기 때문에 첫 번째 입력 변수는 self이다. 인스턴스 메서드를 사용하기 위해서 반드시 클래스의 인스턴스를 생성해야한다. 기본적인 수준에서 사용하는 대부분의 메서드들은 인스턴스 메서드이지만 이외에도 static 메서드와 클래스 메서드가 존재한다. 클래스 메서드와 static 메서드는 인스턴스 메서드와 달리 클래스의 인스턴스를 만들지 않아도 사용할 수 있다. 클래스 메서드와 static 메서드는 뒤의 참고 부분에서 자세히 다룬다.

이제 다시 돌아와서 할인액 메서드를 완성하자. 할인액 메서드는 정가와 할인율 속성을 곱하여 할인액을 return 한다. 정가와 할인율이라는 클래스의 속성을 사용하기 때문에 인스턴스 메서드에 속한다. 이를 코드로 작성하면 다음과 같다.

```
def 할인액(self) :
    return self.정가 * self.할인율
```

그림 4.18 할인액 메서드

이를 출력하면 할인액이 300원으로 계산된다. 아래는 지금까지 작성한 제품 클래스의 코드이다:

```
class 제품 :
    정가 = 1000
    원가 = 500
    원산지 = "대구"
    할인율 = 0.3

    def get_정가(self) :
        return self.정가
    def get_원가(self) :
        return self.원가

    def get_원산지(self) :
        return self.원산지

    def get_할인율(self) :
        return self.할인율

    def 할인액(self) :
        return self.정가 * self.할인율
```

그림 4.19 제품 클래스

4.3.3 생성자

제품 클래스의 속성을 설정하기 위해서는 제품 클래스의 코드에서 직접 수정해야한다. 그러나 이런 방법은 비효율적일뿐만 아니라, 모든 인스턴스의 속성들이 동일 값을 지니게 한다. 이러한 문제점을 해결하기 위해 우리는 생성자를 사용할 것이다. 생성자는 인스턴스가 생성될 때 실행되는 메서드로 입력 변수는 인스턴스를 생성할 때 입력한다. Python에서 생성자는 이름이 __init__인 메서드를 통해서 코딩한다. 'init'는 활성화를 의미하는 영어 단어 'initialization'의 약어이다. 이제 제품의 속성을 설정할 수 있도록 클래스를 수정해보자. 정가, 원가, 원산지, 할인율을 입력으로 받아 self 속성으로 이를 클래스의 속성으로 설정하자.

```
def __init__(self, 정가, 원가, 할인율, 원산지) :
    self.정가 = 정가
    self.원가 = 원가
    self.할인율 = 할인율
    self.원산지 = 원산지
```

그림 4.20 제품 클래스 생성자

```
product = 제품(1000, 500, 0.2, "대전")
product.get_정가()
product.get_원가()
product.get_할인율()
product.get_원산지()
product.할인액()
```

그림 4.21 제품 인스턴스 생성

```
1000
500
0.2
대전
```

그림 4.22 출력 결과

위 출력 결과를 통해 알 수 있듯이, 생성자에서 입력한 대로 속성이 설정된다. 이와 같이 속성들을 설정해주는 생성자를 setter라고 한다. setter를 통해 여러 인스턴스의 속성을 임의로 설정할 수 있다.

참고 클래스 메서드와 static 메서드

클래스 메서드와 static 메서드는 인스턴스 메서드와 달리 인스턴스 없이 호출이 가능한 메서드들이다. 클래스 메서드는 클래스의 객체를 직접 출력하는 메서드로 클래스의 속성을 사용할 수 있는 반면에 static 메서드는 클래스의 속성을 사용할 수 없다. 먼저 클래스 메서드를 사용하는 방법에 대해서 알아보자. 클래스 메서드는 'cls'를 첫 번째 입력 변수로 받고 클래스의 객체를 return 한다. 클래스 메서드를 클래스의 생성자를 수정하는 용도의 메서드로 생각하면 편리하다.

예를 통해 알아보자. 제품 클래스에서 할인율을 생성자를 통해 직접 입력할 수 있지만, 할인율을 정가와 원가로 결정할 때, 할인율을 자동으로 계산하여 객체를 생성하고 싶다고 하자. 이를 위해 클래스 메서드를 사용해야한다. 먼저 이를 코드로 작성하면 다음과 같다.

```
@classmethod
def 할인율(cls, 정가, 원가, 원산지) :
    return cls(정가, 원가, 원가 *0.5/정가,원산지)
```

그림 a 할인율 클래스 메서드

제품 클래스 안에 cls, 정가, 원가, 원산지를 변수로 받아들이는 메서드를 작성하여 @classmethod 데코레이터를 사용하여 클래스 메서드임을 지정하였다. 데코레이터가 뭔지 몰라도 당황할 필요는 없다. 데코레이터를 메서드 윗줄에 작성하면 클래스 메서드임을 Python에게 알려준다는 것만 알면 된다. 입력 변수 중 정가와 원가로 계산하기 때문에 할인율은 생략해도 된다. 그 다음, 클래스 메서드의 return 값을 정가, 원가, 원산지를 그대로 입력하여 할인율을 계산식으로 입력한 cls 객체로 설정한다.

이 메서드를 통해서 인스턴스를 생성하는 과정을 거치지 않고 바로 객체를 생성하여 원하는 할인율을 계산할 수 있다. 클래스 메서드를 호출할 때 클래스 이름, 마침표, 클래스 메서드 이름을 연결하면 된다.

```
class 제품 :
  정가 = 1000
  원가 = 300
  원산지 = "대구"
  할인율 = 0.3

  def get_정가(self) :
    return self.정가
  def get_원가(self) :
    return self.원가

  def get_원산지(self) :
    return self.원산지

  def get_할인율(self) :
    return self.할인율

  def 할인액(self) :
    return self.정가 * self.할인율

  @classmethod
  def 할인율(cls, 정가, 원가, 원산지) :
    return cls(정가, 원가, 원가 *0.5/정가,원산지)

휴대폰 = class.할인율(1000, 500, 대전)
print(휴대폰.get_할인율())
```

그림 b 클래스 메서드호출 유지

```
0.25
```

그림 c 출력 결과

이제 static 메서드에 대해서 알아보자. static 메서드는 클래스에 속하지만 직접 속성을 접할 수 없는 메서드로 사용자가 직접 입력 변수를 지정하는 메서드다. 그렇다면 static 메서드는 어디에 쓰일까? static 메서드는 주로 어떠한 클래스와 관련된 임의의 값을 처리하는 메서드가 필요하지만, 그 메서드가 클래스에 속하는 것이 적합한 경우에 쓰인다. 즉, static 메서드는 일반 함수로 대체할 수 있지만 '저는 이런 클래스와 관련된 변수들을 처리해요'라는 것을 지정해야할 때 유용하다. 예를 들어 과일의 정가가 원가의 2배 이상일 때 가격을 낮춘다고 하자. 가격 인하 여부를 확인하는 일반 함수를 작성할 수 있지만, 일반 함수 대신 과일 클래스에 속한 static 메서드를 사용하면 가격 인하 기준이 과일에만 적용된다는 것을 표시할 수 있다. 아래는 코드로 가격 인하 대상인지를 확인하는 static 메서드를 작성한 것이다.

```
@staticmethod
def is인하대상(정가, 원가) :
    if 정가/원가 >= 2:
        return True
    else :
        return False
```

그림 d 가격 인하 대상 static 메서드

static 메서드는 @staticmethod 데코레이터를 사용하고 클래스에 속한다는 점을 제외하면 일반 함수와 작성 방법이 동일하다.

```
print(과일.is인하대상(3000, 2000))
print(과일.is인하대상(4000, 1000))
```

그림 e static 메서드 호출

```
False
True
```

그림 f 출력 결과

4.3.4 상속

이제 Python에서 클래스를 어떻게 상속시키는지 살펴보기로 하자. 앞 섹션에서 과일과 채소 클래스가 제품 클래스를 상속받았다. 이를 코드로 구현해 보자. Python에서 클래스를 상속시키는 방법은 아주 간단하다. 클래스 이름 옆의 괄호에서 상속하는 클래스의 명칭을 적으면 된다. 여러 개의 클래스로부터 상속 받을 경우 쉼표로 구분해서 나열하면 된다. 따라서 과일과 채소 클래스는 다음과 같이 생성할 수 있다.

```
class 과일(제품) :
    def __init__(self, 정가, 원가, 할인율, 원산지) :
        self.정가 = 정가
        self.원가 = 원가
        self.할인율 = 할인율
        self.원산지 = 원산지

class 채소(제품) :
    def __init__(self, 정가, 원가, 할인율, 원산지) :
        self.정가 = 정가
        self.원가 = 원가
        self.할인율 = 할인율
        self.원산지 = 원산지
```

그림 4.23 과일과 채소 클래스

제품 클래스를 상속 받았기 때문에, 과일과 채소 클래스에 별도의 코드가 없어도 제품의 속성과 메서드를 상속 받아서 과일과 채소 인스턴스들은 이를 사용할 수 있다. 다음은 이를 활용한 예이다.

```
apple = 과일(2000, 1000, 0.5, "대구")
apple.get_정가()
apple.get_원가()
apple.get_할인율()
apple.get_원산지()
print(apple.할인액())
```

그림 4.24 과일 클래스 상속 예시

```
2000
1000
0.5
대구
1000.0
```

그림 4.25 과일 클래스 출력 결과

```
potato = 채소(3000, 1500, 0.3, "강릉")
potato.get_정가()
potato.get_원가()
potato.get_할인율()
potato.get_원산지()
print(potato.할인액())
```

그림 4.26 채소 클래스 상속 예시

```
3000
1500
0.3
강릉
900.0
```

그림 4.27 채소 클래스 출력 결과

위와 같이 과일, 채소 클래스는 제품 클래스의 할인액, getter 메서드들을 사용할 수 있다. 이제 앞의 섹션에서 다뤘던 할인액 메서드의 다형성을 코드로 구현하자. 채소는 주중, 과일은 주말에 할인을 적용한다고 하자. 이를 위해 수정된 할인액 메서드를 각 클래스에 코딩하자.

```
class 채소(제품) :
    def __init__(self, 정가, 원가, 할인율, 원산지) :
        self.정가 = 정가
        self.원가 = 원가
        self.할인율 = 할인율
        self.원산지 = 원산지

    def 할인액(self, 요일) :
        if 요일 in ("토요일", "일요일") :
            return 0
        else :
            return self.정가 * self.할인율
```

그림 4.28 할인액이 수정된 과일 클래스

```
apple = 과일(2000, 1000, 0.5, "대구")
print(apple.할인액("토요일"))
print(apple.할인액("일요일"))
print(apple.할인액("월요일"))
```

그림 4.29 과일 클래스 호출

```
1000.0
1000.0
0
```

그림 4.30 출력 결과

```
class 채소(제품) :
    def __init__(self, 정가, 원가, 할인율, 원산지) :
        self.정가 = 정가
        self.원가 = 원가
        self.할인율 = 할인율
        self.원산지 = 원산지

    def 할인액(self, 요일) :
        if 요일 in ("토요일", "일요일") :
            return 0
        else :
            return self.정가 * self.할인율
```

그림 4.31 할인액이 수정된 채소 클래스

```
potato = 채소(3000, 1500, 0.3, "강릉")
print(potato.할인액("토요일"))
print(potato.할인액("일요일"))
print(potato.할인액("월요일"))
```

그림 4.32 채소 클래스 호출

```
0
0
900.0
```

그림 4.10 출력 결과

출력 결과와 같이 과일과 채소 클래스는 제품 클래스로부터 할인액 메서드를 상속 받지만, 과일과 채소 클래스에 직접 속하는 메서드가 우선이 된다. 이를 통해 객체 지향 프로그래밍의 다형성을 확인할 수 있다.

4.4 결론

여기까지 달렸으면 Python에서 기본적인 객체 지향 프로그래밍을 하기 위한 내용을 다 학습한 것이다. 물론 이 내용 외에도 더 많은 개념이 있지만, 대부분의 프로그램을 코딩하기 위해서 이 내용만으로 충분하다. 객체 지향 프로그래밍은 코드의 효율성과 가독성을 높일 수 있는 강력한 무기가 될 수 있다. 이제 앞으로 독자 여러분의 프로젝트에 객체 지향 프로그래밍을 적극적으로 활용하기를 권장한다. 본 문서의 참고 도서인 Python Like You Mean It(https://www.pythonlikeyoumeanit.com/Module4_OOP/Applications_of_OOP.html)의 모듈 4에서 객체 지향 프로그래밍을 활용한 프로젝트로 여러분의 실력을 다질 수 있다. 또한, 아래는 추가적인 객체 지향 프로그래밍 프로젝트 아이디어들을 나열한 것이다. 연습에 적극 활용하기를 바란다.

- 가게 제품 관리 프로그램에 기능 추가하기
- 학교 인원 관리 데이터베이스
- 가위 바위 보 게임
- 설문조사 프로그램

- 도서 관리 데이터베이스

1부를 마치며

모듈 1부터 시작해서 모듈 4까지 공부했다면 전반적인 Python의 기본 내용을 이해했을 것이다. 하지만 이것만으로 만족하기에는 너무 아깝다. 프로그래밍은 학교에서 배우는 국어나 역사처럼 하나의 학문이 아니라 망치나 드라이버처럼 문제 해결을 위한 도구이기 때문이다. 클래스, 변수, 함수 등과 같은 프로그래밍의 개념만 안다고 해서 프로그래밍을 다 배운 것이 아니다. 프로그래밍의 분야에서는 항상 원하는 프로그램을 설계하거나 문제를 해결하는 과정에서 지속적으로 배움을 이어나간다. 처음에는 어렵게 느껴질 수 있지만, 겁먹을 필요 없다. 코딩하면서 어느 순간 '프로그래밍은 이런 것이구나'하는 느낌이 올 것이고, 동시에 내용에 대한 이해도 높아질 것이다. Python 코드를 작성하다가 어려움을 겪거나, 도중에 더 공부하고 싶은 내용이 생긴다면, 이 책의 1부를 복습하거나 검색을 통해 해결해보자!

서울대 공대생, 인공지능을 바라보다

조선해양공학과의 이모저모

서울대학교 조선해양공학전공
강가현

여러분, 조선해양공학과에 대해서 많이 들어보셨나요? 컴퓨터공학과, 기계공학과 등등 유명한 학과에 비하면 조금 생소한 이름일지도 모르겠습니다. 그러나 조선해양공학과는 우리나라가 절대적 강자라고 할 수 있는, 조선과 해양 분야의 학문을 배울 수 있는 아주 흥미로운 학과라고 할 수 있는데요. 이번 코너에서는 조선해양공학과에 대한 간략한 소개와 대표적인 학문 분야, 그리고 최근 각광받고 있는 조선해양 AI 기술 등에 대해 알아보도록 하겠습니다.

조선해양공학과는 크게 배를 건조하는 조선공학과 해저로부터 에너지를 시추하는 해양공학으로 나눌 수 있습니다. 조선공학의 경우 해양유체, 설계 등의 세부 전공이 있고, 해양공학의 경우 해양플랜트 및 해저공학, 공정시스템 공학 등의 분야가 있는데요. 각각의 내용을 한 번 살펴볼까요?

해양유체

그림 1 CFD예시

해양유체 분야에서는 선박의 운용 및 원유 급유 등 여러 상황에서 요구되는 유체역학적 문제 해결을 연구합니다. 이를 위해서는 유체의 움직임을 모델링하고, CFD(Computational Fluid Dynamics)를 기반으로 유체의 움직임을 예측하여야 합니다. 대부분의 경우 액체와 기체, 층류와 난류가 복잡한 상호작용을 이루기 때문에 슈퍼컴퓨터를 이용하더라도 정확한 해를 구하기 어려울 때가 많답니다. 최근에는 이런 전산유체역학 모델의 해석을 위한 딥러닝 기술이 그 해결책으로 떠오르고 있어요.

설계

종합운동장만한 선박을 건조하기 위해선 설계 공법이 굉장히 중요하겠죠? 특히 소요시간과 사용 자재를 최소화하면서 선박의 성능은 극대화시키는 최적설계는 조선 산업에서 굉장히 중요한 키워드입니다. 이 때문에 최근에는 설계 시 디지털 트윈을 구축하고, 공정 중 발생할 수 있는 상황을 미리 시뮬레이션하여 예측하고 대비하는 기술들이 각광받고 있답니다.

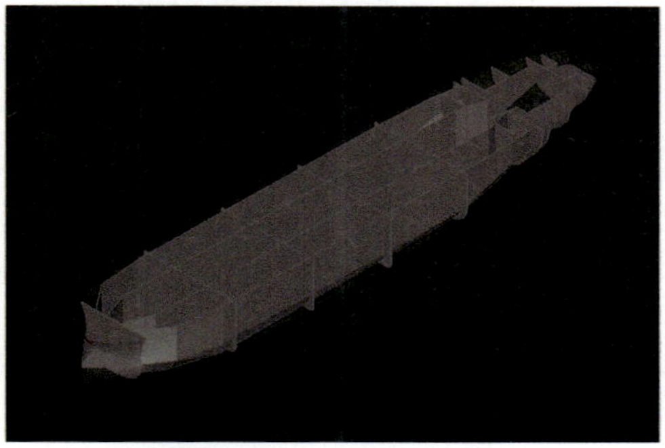

그림 2 선형설계 예시

해양플랜트 및 해저공학

해양플랜트 및 해저공학 분야에서는 유체역학, 정역학, 화학공학 등 다양한 학문이 고려되는데요. 유정에서 올라오는 원유의 온도, 압력과, 해저의 온도, 압력차를 견딜 수 있는 해저 장비와, 해상의 해양플랜트까지 원유가 올라올 수 있도록 하는 장비와 시스템에 대한 연구를 합니다.

그림 3 해양플랜트 및 해저공학의 장비들

공정시스템공학

공정시스템 공학에서는 해양플랜트에서 시추한 원유 및 가스를 해양플랜트 선체 상부까지 가져오고, 이를 정제하는 공정까지의 설계를 합니다. 해상에서 가연성 물질을 정제하는 위험한 과정인 만큼, 설계/제어/안전이 연구 분야의 초점으로

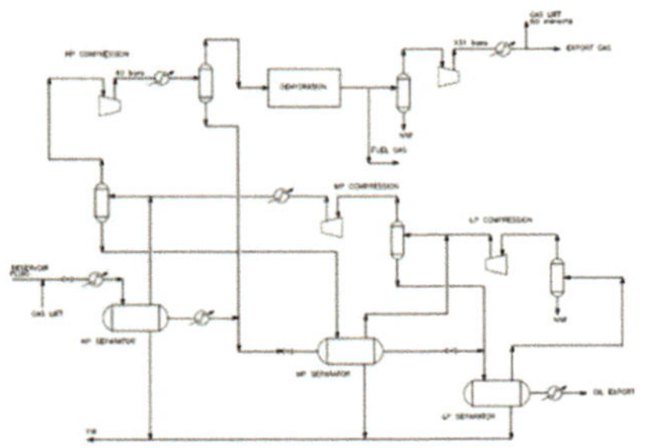

그림 4 공정설계 예시

맞춰져 있습니다. 정유의 화학공학적 지식을 기반으로, 최적설계에 대한 연구를 지속하고 있는 분야랍니다.

이것으로 조선해양공학과와 그 대표적인 학문 분야에 대해서 간략히 알아보았는데요, 궁금증이 조금은 풀리셨나요? 조선해양공학과에서는 이외에도 어뢰 탐지 등을 위한 수중음향, 해상 구조물이 안전하게 지탱될 수 있는지를 분석하는 구조해석, 그리고 국방력하면 떠오르는 항공모함 등을 설계하는 함정설계 등의 수많은 분야가 있답니다. 또한 이 모든 분야에서, 예측, 최적화, 효율성이 점점 중요해짐에 따라 기계학습은 점점 핵심적인 이슈로 떠오르고 있죠.

이 책을 읽고 있는 바로 당신! 아마 인공지능과 기계학습에 많은 관심을 가지고 계신 분일 텐데요, 수많은 매력과 잠재력을 가진 조선해양 산업의 인공지능 전문가가 되는 것을 꿈꿔보시는 것은 어떨까요?

2부

커리어 멘토:
인공지능 산업의 전문가가 들려주는 현장 이야기

Chapter 1 생소한 의술 이야기

의학과 인공지능

안 건 서울대학교 바이오엔지니어링 석박사과정

니체는 "살아갈 이유를 아는 사람은 거의 어떠한 상태에서도 견뎌낼 수 있다"고 했습니다.

이것은 공부에 대해서도 잘 적용이 됩니다. 공부를 해야 할 이유를 아는 사람은 거의 어떠한 상태에서도 견뎌낼 수 있을 것 입니다. 여러분들이 이 딥러닝 코딩 경험을 통해서 공부하는 이유를 찾는데 도움이 되었으면 좋겠습니다. 공부는 누가 시켜서, 단순히 시험 점수를 잘 받기위해서 하는 것이 아닙니다. 세상의 문제를 찾고, 그 문제에 대해 조금 더 나은 방향으로 세상을 만들기 위해서, 혹은 내가 세상을 더 아름답게 보기 위해서 하는 것이라고 생각합니다.

또한, 여러분이 이 책을 통해서 배운 코딩과 AI라는 도구는 앞으로 세상의 많은 문제를 풀 때 정말 도움이 되는 유용한 도구가 될 것이라고 확신합니다. 여러분이 앞으로 미래에 어떤 일을 하던, 여러분의 미래는 AI와 함께할 것 입니다. 그러니 꼭 이번 기회를 통해서 AI라는 도구를 적이 아닌 친구로 만들어 여러분의 미래를 개척해 나가는 것에 큰 도움이 되었으면 좋겠습니다.

"의사를 돕는 AI, 인공지능을 통한 예후 예측 및 영상 기술"

▶ 먼저 간단하게 자기소개 해주실 수 있으실까요?

독자 여러분 안녕하세요, 저는 서울대학교 정형외과학 교실에서 관절염 및 무릎 외상 진료를 하고 있고, ABDLOS(AI and Big data Lab of SNUHOS)라는 인공지능 연구소를 만들어 AI 기술을 진료 영역에 접목시키는 연구들을 활발히 하고 있는 교수 노두현입니다.

▶ 교수님께는 어떻게 의학으로 진로를 결정하게 되셨나요?

사실 중학교 시절 수학, 과학 공부하길 좋아해서 과학고에 진학하게 되었습니다. 과학고에서 공부하다 보니 생물이 재미있어서 생명과학 올림피아드 준비를 했죠. 그때 생명과학이 붐이었거든요. 유전자 편집이니 게놈 프로젝트 막 새로운 개척 분야가 언급되면서 진짜 세상에 바뀌겠구나 싶은 생각이 들고 생물 공부하는 것이 굉장히 재미있는 시절이었어요. 그래서 공부를 많이 하다 보니 생명공학을 해보고 싶다는 생각이 들었고 공대 입학과 의대 입학을 사이에 두고 대학 입시 때 마지막까지 고민이 있었어요. 처음에는 공대에 갈 생각도 있었으나, 의대에 먼저 간 선배 중 친한 선배가 있었는데 그 선배가 말하길 '의과대학에 가서 생명공학 연구하는 방향 역시 좋다. 충분히 재미있게 할 수 있다'고 말을 해줘서 의학으로 전공을 정했죠. 특히, 더 폭넓게 연구할 수 있겠구나 생각이 들긴 들었어요. 지금은 생각해보니까 환자에게 조금 더 가깝고, 환자에게 정말로 도움이 되는 학문인 것 같아요. 그래서 정말로 '사람'의 성향이 중요한 것 같아요. 저는 최종적으로 눈에 보여지는 현상이 중요한 사람이고, '그 다음에 그래서 실질적으로 어떻게 작용을 할 것이냐'라는 고민에 매력을 느끼는 사람이거든요. 그래서 원리도 중요하지만 실제로 작동을 하는 것을 보고 환자에게 도움이 되는 것을 보는 것에 더 큰 재미를 느껴요. 그래서 돌이켜 보면 진로선택을 참 잘 했다. 이런 생각이 들죠. 왜냐하면 원리 같은 걸 탐구하는 것도 재미있긴 한데 직접적으로 눈에 보이는 그런 일들을 하는 게 더 빠르고도 좋다고 느끼니까요.

▶ 교수님께는 의학이 무엇이라고 생각하시나요?

의학은 사람들의 오래 살고 건강하고 아프지 않고 통증도 느끼지 않고 싶은 욕구를 해결해주는 종합 학문이라는 생각이 듭니다. 항상 환자 보면서 느끼는 건데요. 사람은 다 기본적인 욕구가 있습니다. 정말 모든 사람들은 오래 살고 건강하고 아프지 않고 통증도 느끼지 않고 싶은 욕구를 가지고 있습니다.

제가 예전에 학생 때 많은 선생님들께서 가르쳐 주신 내용 중에 의학은 Art라는 이야기가 있었어요. "예술(Art)은 길고 인생은 짧다."라는 인용구에서 쓰이는 그 'Art'입니다. 처음에 Art라는 말이 쓰였을 때는 예술(art)이 우리가 흔히 떠올리는 그림 등으로 생각했지만 실제 art가 의미하고 있는 바는 의학의 종합적 기술로써 아트를 뜻하는 것이었다고 합니다.

그런 맥락에서 저는 의학이 applied science(응용과학)의 종착점 같다는 생각이 듭니다. 많은 사람들이 각자 각각의 분야에서 많은 기술과 학문을 연구하고 개발합니다.

그러나 그 연구를 하는 주체는 결국은 인간이기에 그들의 욕구는 행복하고 오래 건강하게 살고 싶어하는 욕구가 있습니다. 그렇기 때문에 여러 가지 학문들이 많게 발전하고 개발하고 결국은 이제 이러한 기술과 학문들이 모이는 곳, 하나의 길목이 아닌가 이런 생각이 들어요.

그래서 그 기술과 학문에 포함되는 것들로, 앞서 말했지만, 생명공학 기술은 당연히 포함되고 재료공학과 나노 테크놀로지, 경제학, 심리학, 요즘 기계공학 등이 있습니다. 사실은 안 쓰이는 분야가 오히려 적죠. 심지어 가장 최근에는 AI도 물밀듯이 의학에 들어오고 있어요. AI라는 분야 자체가 엄청나게 특별하다 보다는 지금 시점에 의학에서 가장 왕성하게 끌어당기고 있는 분야가 AI인 것 같습니다. 의학에서도 유행 같은 게 좀 있어요. 제가 고등학생 때는 DNA 기술, 유전자 지도 작성 등이 왕성하게 유행한 분야였죠. 당시에는 연구가 정말 활발하게 이루어졌지만, 지금은 '옛날 기술'이 되어 버려, 의학 분야에서 당연하게 활용되고 있죠. 그 시점 이후로 유전자 편집 기술 등도 많이 의학분야에 들어오고 있었습니다. 지금은 유전자 편집이 한 세대 완전 업그레이드가 되어서 정말 유전자에서 딱 필요한 부분만 자르는 것 같습니다. 그리고 얼마 전에는 Targeted Agent(원하는 곳에 가서 작용하는 약물)도 제가 본과 학생 때 점차 유행, 도입되기 시작해서, 지금은 여러 글로벌 회사에서 많은 프로덕션이 나오고, 실제로 효과도 입증되었습니다. AI도 지금 현재 많이 개발하고 있는데 미래에는 의학에서 정말 많은 분야에서 쓰이게 될 것입니다.

▶ AI가 요즘에 갑자기 굉장히 의학 분야에 유입되고 있다고 말씀을 해 주셨는데 어떤 식으로 들어오고 있는지, 또 AI랑 의학은 어떤 관계가 있나요?

의학분야에서 AI가 가장 처음에 들어오게 된 분야는 항암제 개발이나 암 치료 분야입니다. 왜냐하면 암 치료는 비교적 결과가 명확합니다. AI가 좋아하는 0, 1로 구별되기 쉽다는 의미이죠. 죽느냐 사느냐 이니까요. 또한 양적으로 측정할 수 있는 데이터가 많아지기 시작했습니다. 예를 들어 유전데이터가 쌓이기 시작했고, 혈액데이터, 그리고 MRI 나 CT등의 환자의 이미지 데이터가 많이 축적되기 시작했습니다.

과거에는 종양 staging(종양이 몇 단계인지 판별하는 것) 같은 거 하면은 되게 단순했어요. In-situ, 그러니까 종양이 병변 안에 있으면 1기로 진단하고, 그 다음에 병변 밖으로 튀어나오는데 막이 막고 있으면 2기, 막 밖으로 튀어나오면 3기, 다른 곳으로 전이되면 4기, 보통 이런 식의 컨셉이 주로 많이 쓰였습니다. 그런 식으로 환자를 분류했더니 사망률이 차이가 나니까, 즉 stage와 사망률이 상관관계를 가지니까 구분하였었습니다. 근데 이제 데이터가 무지막지하게 쌓이면서 outlier(주류 통계에서 벗어나는 예외) 들이 발견되기 시작했어요. 그러니까 어떤 종양은 튀어나와서 3기인데 오래 살고, 어떤 종양을 튀어나오지 않았는데도 오래 살지 못하고 또 어떤 종양은 유전자가 변이가 있어서 아예 다른 종이고 이런 식으로 세부 분류가 굉장히 많아 지는 것이에요.

의사가 컨트롤할 수 있는 데이터가 거의 인간 인지능력의 한계에 도달하게 된 것이죠. 그래서 이제 이런 방법으로는 안되겠다는 보통으로는 안 되겠다는 생각이 들고 있었습니다. 물론 통계 같은 거도 많이 발전을 했는데 통계 역시 한계가 있었던 거고 그래서 우리가 이제 AI를 암, 그런 데서 먼저 도입을 하게 된 것 같아요. 제일 유용하게 쓰이는 것 중에 하나가 classification(분류), prediction(예측)을 하는 것이죠. 정리하자면, 결과가 0 또는 1로 나누어지는 암에 대한 데이터는 무지막지하게 많지만, 너무 복잡하여 인간의 능력으로 해석하기에는 어려운 상황이었습니다. 그런데 이것이 AI가 가장 잘 푸는 형태인 딥러닝에 해당하는 것이었고, 실제로 의사들이 딥러닝을 해 보니까 복잡한 데이터 처리를 잘 하는 것이 확인된 것이죠.

그래서 최근에는 암 진료할 때 데이터를 통해서 분류, 예측하는 프로그램들도 쓰고 있습니다. 나아가 개인별 데이터에 맞춰서 최대한 진료를 하고 있고 결과적으로 굉장히 복잡화 되었습니다. 이런 현상이 다른 치료 영역에서도 파급이 되는 중이고 이를 통해서 의료 전체가 많이 바뀔 예정이라고 생각합니다.

▶ **교수님께서는 사실 M.D. 의사시면서도 AI 기술을 활용하는 연구 또한 같이 진행을 하게 되고 계신데, 어떠한 계기나 생각으로 AI 연구를 시작하셨나요?**

전공의 때 되면 논문 지도교수님을 배정을 받고 논문을 쓰게 돼요. 그때 제일 처음에 배정받은 것 중에 하나가 고전 통계 방법을 사용해 연구하는 것입니다. 고전 통계라는 것은 예를 들어 t-test, chi-squared test 이런 것이죠. 그러나 이런 고전 통계에서는 굉장히 많은 아쉬움을 느꼈어요. 왜냐하면 데이터를 만들 때 데이터 전 처리를 많이 하고, 연구를 합니다. 그러면 결과적으로 이 연구는 주류만을 통계로 보는 거거든요. 그러면 이제 주류만 관찰이 되고 그 외의 데이터는 다 무시가 되죠.

사실 의학의 기본 관점이 그런 거긴 합니다. 주류를 잘 치료하자. 그러나 사실 그 큰 주류에 들어가는 환자들도 다 같지 않고 그 주류에 들어가지 않는 환자들도 엄청 중요하거든요.

그 다음에 이제 연구를 하게 되면 x-ray 같은 거를 측정을 많이 하는데, 예를 들어 100명의 x-ray를 촬영하거든요. 그러면 이제 측정하는 값이 되게 많아요. 단순 계산도 많고 사진보고 분류하는 작업도 너무 많은데, 이 작업이 계속 반복되다 보니 내가 대체 왜 이런 일을 하고 있어야 하는지 너무 화가 나는 거에요. 분명히 이거 컴퓨터가 할 수 있을 것 같은데 말이에요. 그래서 그걸 이제 당시에 컴퓨터 잘하는 친구한테 물어봤습니다. 이걸 자동화할 수 없느냐. 그러나 안 된대요. 그 당시의 알고리즘으로는 x-ray 사진을 통해서 하나하나 분류하고 하는 것들이 어려웠던 것 같아요.

그런데 기다리다 보니까 이제 AI 같은 기술이 나오더라고요. 그래서 빨리 이걸 배워서 적용해야겠다고 생각이 들었어요. 왜냐하면 내가 이런 걸 평소에 필요하다고 생각을 했거든요. AI 기술이 있어야 진료도 편하고 사람들도 많이 도움이 될 것 같았어요.

그 다음에 AI에서는 지금 모든 데이터들이 엄청나게 큰 데이터, 그리고 큰 데이터 중에서 개인의 특성을 반영할 수 있는 모델을 도입되고 있는데 그런 거에 대한 기반 기술이 필요하죠. 그런 기반 기술이 AI 베이스 기술이었던 것이죠. 예를 들어 측정 같은 것도 100명에서 결론이 A라고 나오더라도 1만 명 2만 명을 가지고 실험을 하면 결론이 A' 심지어 B, C가 나올 수도 있거든요. 그러니까 AI를 이용하면 각각의 해당하는 케이스에 대한 결론을 세부적으로 내릴 수가 있습니다.

▶ **의료분야에서 앞으로 많이 쓰일 것 같은 공학적인 분야는 어떤 것들이 있을까요?**

그거는 사실은 드라마나 영화 같은 것에서 사실 많이 나온 거긴 한데요. 현재의 의료학문 체계는, 이런 증상의 환자를 어떻게 보면 결과가 이렇게 되더라와 같은 데이터가 수십 만, 수십 억 개가 모인 방대한 데이터로부터 통계 처리를 하여 만들어졌습니다. 그 말은 결국 귀납적이고, 특히 통계 내에서 평균에 가까운 사람들 만을 위한 연구입니다. 그러니까 당연히 그 외에 환자에게는 맞지 않지요. 그렇다고 그 정규분포 안에 들어가는 사람들이 다 맞는 것도 아닙니다. 그렇기 때문에 의료가 섬세하지 못해요. 한 개인 개인에게 딱 맞는 진료를 우리가 주고 있지는 못합니다.

그런데 앞으로 그런 걸 AI가 분명히 해결해 줄 간극이 있어요. 그래서 AI 위주의 Personalized medicine(맞춤 의료)가 미래의 굉장히 중요한 트렌드 중에 하나일 것 같습니다. 환자별로 지금까지 식생활을 비롯하여 살아온 방법도 다르고 앞으로 살아갈 방법도 굉장히 다르기 때문에 의사가 그 모든 것을 한번에 다 검토하는 것은 물리적으로 불가능하거든요. 그러나 데이터만 준비되어 있다면, AI는 그것을 할 수 있다. 그렇기에 그것을 위한 준비로서 라이프 로그데이터, 진료데이터를 만들고 모으는 과정이 사실 우리 연구실(ABDLOS)에서 하고 있는 일 중에 하나죠.

두 번째로 Robot-assisted high precision surgery (로봇 보조 고정밀 수술)입니다. 사람 손에 정밀도에는 한계가 있기 때문에 로봇이 보조를 해주는 것이죠. 가장 큰 수술의 방향과 큰 동작 등을 사람이 해주면, 세밀한 동작을 로봇이 도와줘서 더 정확하고 세심한 수술이 진행될 수 있도록 도와주는 기술이 필요합니다.

다음으로는 다양한 새로운 개념의 의료 방식들이 많이 생길 것 같아요. 이번에 화이자 백신도 나노파티클에 MRNA를 집어넣은 기술인데, 이것도 알려면 생명공학이나 재료공학적인 지식이 필요한 것이고요.

그래서 근데 이 3가지 학문들이 사실은 굉장히 엮여 있습니다. 하나로 딱 독립되어 있지 않다는 것이죠. 로봇 하려면 AI가 필요하고, 새로운 의료 방식 개발할 때도 AI가 분명히 쓰일 것이고요. 그래서 이 다양한 분야를 잘 접목시키는 사람이 훌륭한 연구를 할 수 있는 사람이 될 것입니다. 전혀 다른 분야를 잘 접목시키는 것이 바로 창의성이 있는 훌륭한 인재의 덕목입니다.

AI가 빅플랫폼이에요. 이것 자체가 독립된 기술이기도 하지만 거의 모든 분야에서 사용할 수 있는 플랫폼에 더 가까운 것 같아요.

▶ **중고등학교 친구들 중 수학 과학을 좋아하는 친구들이 막연하게 의학 vs 공학 이렇게 고민을 많이 하는데요. 통계학이나 자연과학, 공과대학에 진학해서도 의학 연구를 할 수 있는 현실적인 진로가 많이 있는지, 의대 안에서도 굉장히 출신 학과가 다양한 그런 연구 직군이 있는지 궁금합니다.**

당연히 많죠. 일단은 공대랑 같이 협업하는 연구도 되게 많고 그 다음에 아까 말했지만 여러 기술들이 결합이 되어야 새로운 시너지, 가치가 나오는 거기 때문에 굉장히 협업 연구를 많이 합니다.

그리고 의과대학에 온 친구들 중에서도 백그라운드가 의학이 아닌 그런 친구들도 많죠. 의전이라는 제도가 사실은 그것을 위한 것이니까요. 그래서 우선 고등학교 때 대학교 전공을 선택한 입장에서는 이게 Binary(양자택일) 한 문제인데 나중에 공부를 많이 하고 나면 그렇게 딱 칼로 무 자르듯이 나눠지는 것은 전혀 아닙니다. 나중에 가면은 결과적으로 어쨌든 협업이나 이런 걸 통해서 다시 만날 가능성이 있는 것입니다. 다만 이제 다시 만나면 약간 사용하는 언어나 생각하는 방식 이런 게 이제 좀 다르겠죠. 그래서 서로 이해를 못하는 경우가 사실은 좀 있어요. 그래서 그 둘 다를 잘 이해해서 서로 소통할 수 있게 중간에 도와주는 사람이 진짜 중요한 사람들이죠.

그리고 지금 인터뷰하고 있는 이 CMI(의학연구혁신센터, Center for medical innovation) 건물 자체가 전부 의대 출신이 아닌 분들이 오셔서 연구를 진행하는 장소구요. 또 암 연구소에 통계나 AI 연구자들도 요즘은 많이 필요하구요, 정말 많은 학문이 끝에서는 의학에서 만나볼 가능성이 높아요.

▶ **그 말이 저는 울림이 있는 것 같아요. 저도 고등학교 때 저희 부모님께서 의대를 상당히 권하셨어요. 그 때는 정말 딱 양자택일의 문제였는데, 공학으로 가서 열심히 연구를 하다 보니 또 이렇게 의사분들이랑 함께 연구를 할 수 있는 기회도 생기잖아요. 자기 분야를 꾸준히 열심히 해 놓으면 결국에는 자신이 원래 원했던 분야에서 공헌할 수 있다는 것이, 의사결정을 할 때 부담이 덜 되는 것 같아요. 그리고 이미 대학교 학과를 선택했다고 하더라도 그저 자기의 길을 묵묵히 열심히 걷다 보면 전혀 다른 분야에서 기회가 언제든 생길 수 있다는 것도 참 희망적인 것 같아요.**

생각해 보면 그 시절은 되게 세상이 딱딱 나눠져서 이산적으로, binary하게 보여요 세상이. 그런데 살아보면 그렇지 않아요.

▶ **의학과 인공지능을 동시에 연구하시면서 인상깊었던 것이 있으셨나요?**

재미있었던 것은 수술할 때 수혈 감소에 대해서 인공지능은 알고리즘을 이용해서 연구를 했는데요, 그 연구를 통해서 실제 우리 병원에서 수혈이 거진 없어져서 상도 받았습니다. 이렇게 AI를 통해서 실제로 문제가 개선된 것을 볼 때 참 재미있습니다.

인공관절 수술을 하면 피가 납니다. 그런데 그 중 피가 많이 나는 사람들이 대충 정해져 있습니다. 의사들이 데이터를 보면 직관적으로, 경험적으로 어떤 피가 어느정도 나겠다라고 감은 잡고 있었는데, 정확하게 개인별로 얼마나 피가 날 것인지 예측은 힘이 들었죠. 그런데 그거를 개개인 별로 데이터를 통해서 예측을 하는 연구를 한 거에요. 구체적으로는 1600명 각 사람들의 데이터를 모아서 필요한 수혈의 양을 머신러닝으로 학습을 시켰습니다. 그랬더니 예측이 정말로 잘 되어서 나중에는 5000명의 데이터로 업그레이드 시켰구요. 아래 그림 1처럼 무릎 관절 전치환술 수혈 예측 웹사이트에 들어가서 6가지 정보를 입력하면 수술 후 수혈 위험을 예측해 줍니다.

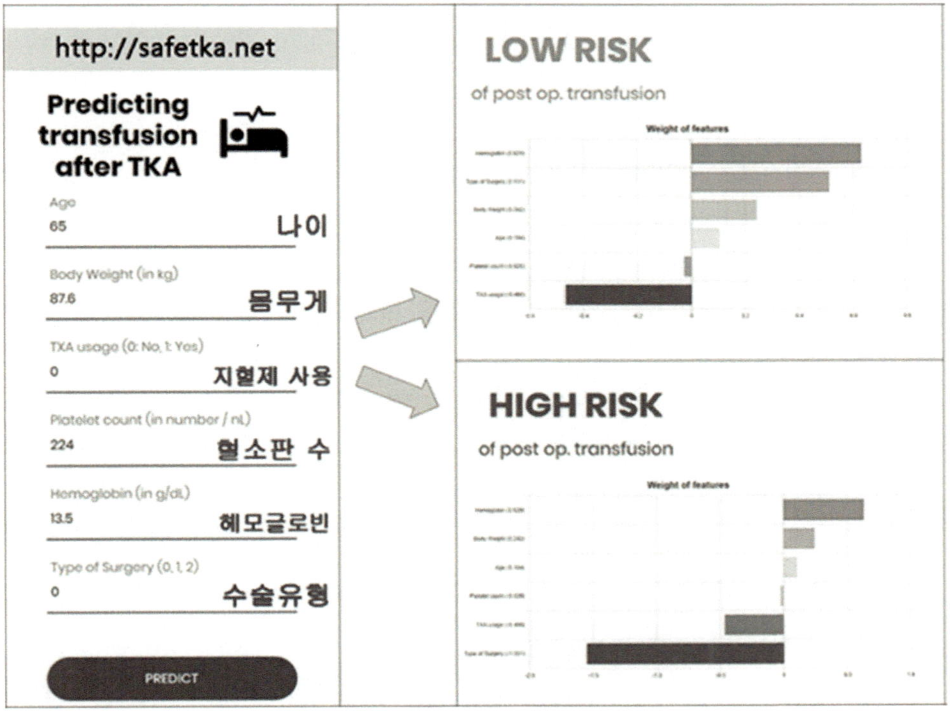

그림 1

왼쪽이 입력 창, 오른쪽 위는 수혈 위험이 낮다는 결과, 아래는 수혈 위험이 높음을 보여줍니다. 어떤 변수가 수혈 위험도를 높이는 데 얼마나 많이 기여했는지도 확인할 수 있습니다.

그 다음에 몰랐던 새로운 현상들을 발견했는데요, 보행 분석과 관련된 논문들이 그런 내용입니다. 보행분석이란 걷는 것을 적외선 카메라 수십대를 통해 영상을 찍고, 그를 통해 모션캡처를 하는 것 입니다. 그 모션캡처를 통해서 무릎이나 관절에 작용하는 힘 같은 것들도 다 계산이 가능합니다.

이를 통해서 예를 들어 "여자가 왜 더 관절염이 많을까?"라는 질문에 대한 답을 찾아갈 수 있죠. 그 전까지는 아무도 몰랐습니다. 물론 지금도 정확히는 잘 모르시는데. 하나의 가설로, 여자들이 상대적으로 골반이 넓고 걸을 때 다리 간격, 발 사이 간격이 좁은데, 그러면 무릎에 가해진 힘이 커지더라고요. 키 같은 거랑 몸무게를 다 조정을 해도 상대적으로 무릎에 가해지는 압박이 더 큽니다. 가해지는 힘이 오랜 시간 축적이 되면 빨리 관절이 망가지는 것이죠. 이렇게 AI 연구를 통해서 새로운 사실을 알아갈 수 있는 것이죠.

▶ **전반적으로 의학이든 코딩이든 전반적 이과 공부를 잘 하기 위해서 무엇이 가장 중요하다고 생각하시나요?**

어렸을 때 GW-basic이라는 것을 배웠는데 이게 되게 논리적이더라고요 사고가. 그때 처음으로 논리적 사고를 하는 훈련을 했던 것 같아요. 그런 논리적 사고가 결국 나중에 수학이든 과학이든 공부할 때 도움이 많이 되었던 것 같아요. 그리고 과학고 다닐 때 공학용 계산기로 숫자 야구게임(상대방의 숫자를 유추하고 Strike, ball, out등의 결과를 통해서 상대방의 숫자를 맞추는 게임)을 코딩했었어요. 공학용 계산기에 쓸 수 있는 명령어가 많지 않아요. And, if, or 등의 거의 가장 기본적인 명령어만 가능한데 어쨌든 그 기본적인 명령어를 가지고 내가 원하는 게임을 만들어 내는 과정이 되게 좋았어요.

정리하자면 수학과 논리 공부가 제일 중요한 것 같아요 코딩이나 의대 공부보다는. 그러니까 모든 게 논리적 구성에 있는 것 같아요 코딩은. 논리적 구성이 훨씬 중요하고. 그 다음에 약간의 언어별로 문법이 있는 것 같은데, 언어 자체는 항상 유행 따라 바뀌잖아요. 지금은 python이니 pytorch, tensorflow 쓰지만 나중에는 이런 언어 없이 말로 코딩을 할 수도 있어요. 그러니까 본질적으로 논리를 잘 이해하고 공부해야 기술이 바뀌어도 문제가 없죠.

▶ **의학에 대해서 잘 모르는 사람들은, 의사가 되기 위해서 수학을 열심히 해야 된다는 것에 의문을 제기하기도 해요. 의학 공부를 하면 이제 많은 양의 암기를 해야 한다는 인식이 일반적으로 있는데 그건 뭔가 수학적인 사고 이런 거랑은 조금 거리가 있다고 대중들은 일단 받아들이는 것 같습니다. 혹시 이에 대해서 어떻게 생각하시는지 교수님의 의견을 말씀해 주시면 도움이 될 것 같아요**

그렇게 보일 수도 있겠네요. 생리학이나 그런 기본적으로 암기를 해야 하는 것들은 당연히 기본적으로 다 암기를 해야죠. 기본적으로 개념을 이해를 하고 있어야 응용을 할 수 있는 것이니까요.

기본적인 일차 진료 레벨에서는 사실 논리가 별로 안 중요할 수 있어요. a, b, c라는 현상이 일어나니까 이거는 X라는 진단을 해서 Y라는 처방을 해야 한다. 이렇게 심플한 진료를 할 때는 암기로도 가능합니다.

근데 이게 점점 복잡해지고 진료가 복잡해지는 상황에서는 암기로 진단을 할 수 있는 것은 한계가 명확합니다. 그 복잡한 모든 case까지 다 암기하는 것은 불가능하거든요. 책에 다 정리가 되어있는 것도 아니고.

어찌 보면 수학 문제를 푸는 과정과 비슷한 것 같아요. 처음에는 수학 공식 같은 것을 암기하고, 그리고 공식만 몇 개 외우면 쉬운 문제들은 다 풀 수 있잖아요. 근데 수학 문제 중에서도 어려운 문제를 풀기 위해서는 공식만 외워서 되는 것이 아니고, 공식들을 기본적으로 다 암기한 다음에, 공식들이 어떻게 형성되었는지 그 논리를 이해하고, 여러 가지 공식들을 함께 섞어서 사용해야 어려운 문제를 풀 수 있는 것이잖아요.

의료도 비슷합니다. 각각의 환자들의 현상이나 징후 들이 어떤 병리와 어떤 식으로 연관이 되어 생기는지에 대한 원리를 논리적으로 잘 이해해 두면, 그것들을 응용해서 환자를 진료할 때 환자에게 훨씬 더 도움이 많이 되는 치료를 처방해줄 수 있겠죠.

▶ **마지막으로, 미래 공학자 인공지능 연구자 학생들에게 당부하고 싶은 것이 있으신가요?**

AI 같은 것 열심히 공부한 다음에 와서 의학 좀 발전시켜 주세요. 지금 의학의 주류는 당연 미국이죠. 모든 걸 다 쥐고 있어요. 일단은 돈을 쥐고 있고 그 다음에 뭐 큰 회사들이 다 거기에 있죠.

사실 우리나라도 명확한 강점이 있어요. 국가 공단이 의료데이터를 잘 쌓아서 가지고 있고, 인프라도 너무 잘 잡혀 있고요. 또한 IT 인프라도 좋고 EMR(electronic medical record, 전자 의료기록)이라고 정말 많은 의료데이터가 사실 이미 디지털화 되어 있습니다. 마지막으로 우리나라 학생들이 정말 똑똑해요.

AI에서 결국 가장 중요한 것은 데이터이니까, 분명히 지금 우리나라에 기회가 있어요. 의학의 무게추를 AI와 함께 대한민국에 끌어올 수 있는 가능성이 우리 눈 앞에 있습니다. 미국이랑 협업할 때 우리가 그들에게 무언가를 알려주는 경우도 상당히 많거든요.

그렇기 때문에 우리가 활용을 잘해서 진짜 발전을 시키면 의료 혁신이 대한민국에서 일어날 수 있는 포텐을 가지고 있습니다. 그래서 똑똑하신 분들이 많이 오셔서, 우리 대한민국의 의료 AI를 많이 발전시켜주시면 좋겠습니다.

Chapter 2

생소한 산업 이야기
기업과 인공지능

김인일 대우조선해양 책임연구원
이력 : '02 대우조선해양 정보기술연구팀
'06 대우조선해양 경영혁신팀
'10 대우조선해양 신사업연구그룹/연구기획그룹
현재 대우조선해양 스마트십연구부

"공학의 미래 인공지능과 조선해양 공학"

▶ 안녕하세요 연구원님, 독자분들을 위해 자기 소개 부탁드립니다

안녕하세요 저는 대우조선해양에서 스마트십 관련 연구개발을 하고 있는 김인일 책임연구원이라 합니다. 대학원 졸업을 2002년에 했으니까 조선에 대한 연구개발을 한지는 25년 가까이 되어가고 회사는 거의 20년이 되어 가네요.

▶ 연구원님께서 대학생 시절 현재 진로를 결정하시게 된 계기가 있으신가요?

저는 1996년에 조선해양과에 입학하였습니다. 사실 대학을 진학하면서 조선해양공학이 어떤 분야인지 정확히 모르고 진학을 하게 되었었는데요, 1학년이 지나고 2학년이 되면서 점점 조선이라는 분야에 대한 이해를 쌓게 되었어요. 그 중에 가장 매력적이었던 것은 우리나라 조선산업이 세계 최고의 기술력과 제품 경쟁력을 가지고 있고 국내 조선해양 관련 학과에서 배출된 우수한 기술인력이 산업의 경쟁력을 견인해왔다는 점이었습니다. 세계 최고의 기술력이라는 단어가 생소할 수도 있고 여러분께서 조선업에 대해 생소하실 수 있지만, 뉴스나 신문지상에 나오는 컨테이너를 운반하거나 원유 혹은 액화천연가스를 운반하는 선박을 건조하는 것이 우리나라 조선 산업에서 하는 일이예요. 우리나라는 현재 초대형 컨테이너 운반선, 초대형 원유운반선, 초대형 액화천연가스 운반선 등 대형 상선의 세계 시장 점유율이 50% 이상이고, 특히 높은 기술이 필요한 대형 액화천연가스 운반선의 경우에는 90% 정도의 시장 점유율을 가지고 있어요. 또한, 다른 산업과 많이 다른 점은 우리나라에서 건조하고 있는 모든 선박이 우리나라 자체기술력으로 설계, 건조되고 있고 선박내 기자재 국산화율도 90%에 이르고 있지요. 이러한 내용들을 대학을 다니면서 알게 되면서 조선이라는 분야에 점점 더 매력을 가지게 되었고 매력을 가지면서 산업에 대한 소명의식 같은 것이 생기게 되었던 것 같습니다. 지금은 그렇지 않지만 예전만 해도 조선소에 취업을 한다는 것은 거제, 울산 등과 같은 서울에서 매우 먼 곳으로 가야하는 것이었기 때문에 고민도 있었지만 산업이 정말 매력적이었어요. 대학 공부를 하면서 공부 내용의 많은 부분에 컴퓨터가 많이 사용되게 되는 환경을 보게 되면서 컴퓨터의 활용이 조선산업의 또 다른 핵심 경쟁력이 될 것이라는 생각을 하게 되어서 대학원은 선박 설계에 필요한 컴퓨터 활용 설계 도구인 CAD(Computer Aided Design)와 컴퓨터 활용 엔지니어링 도구인 CAE(Computer Aided Engineering) 관련 연구를 하는 곳으로 세부전공을 택하여 진학하게 되었습니다.

▶ 학창시절 컴퓨터 및 IT 분야가 조선산업의 미래 기술 발전 분야가 될 것이라는 직관은 당시 어떻게 갖게 되셨나요?

대학 수업 시간에 많은 엔지니어링 문제들이 컴퓨터의 도움을 받아 보다 빠르고 보다 가시적으로 해결되는 경험을 하게 되면서 컴퓨터를 활용한 설계 및 엔지니어링 환경이 조선업에도 폭발적으로 도입되고 조선업을 폭발적으로 바꾸게 될 것이라는 생각을 하게 되었어요. 이뿐 아니라 정보 활용 관점에서도 선박생산공학이나 조선해양경영론 등의 수업을 들으면서 용접 등과 같이 선박을 만들 때 필요한 생산 공정에도 정보의 활용도가 증대되면서 더 안전하고 빠른 작업환경 구성이 가능할 것 같다는 생각이 들었어요. 그 때는 요즘 유행하는 딥러닝과 같은 기술을 상상하기 어려웠는데 최근에는 이러한 획기적인 기술들이 적용되면서 제가 상상했던 속도보다 더 빠르게 조선업에서의 IT기술의 활용도가 증가하고 있는 것 같아요.

▶ 연구원님께서 계신 분야에 대해 독자분들에게 소개해주실 수 있으신가요?

네. 저는 현재 스마트십연구부에 속해 연구를 수행하고 있어요. 스마트십연구부는 스마트선박을 개발하는 것과 자율운항선박을 개발하는 업무를 주로 하고 있어요. 스마트 선박이라 함은 넓은 의미에서 선원들이 선박을 보다 효율적이고 안전하며 편안하게 운항할 수 있도록 최신의 IT 기술이 접목된 선박으로 정의할 수 있어요. 이러한 선박이 계속 발전하면 자율운항선박의 형태가 되는데 자율운항선박은 운항이나 유지보수를 자율적으로 하는 선박이고 지금 예측으로는 10~20년이 지난 미래에 이러한 선박이 바다에 나타날 것으로 생각하고 있어요.

▶ **쉽게 말해 휴대폰이 스마트폰으로 진화한 것처럼 미래 선박은 스마트십의 모습을 보일 것이라는 것이군요?**

그거와는 다소 차이가 있을 것 같아요. 휴대폰이 스마트폰으로 진화한 것은 과거 전화 통화만 되던 휴대폰이 애플 아이폰이 등장하면서 다양한 기능이 융합된 스마트폰으로 진화한 것으로 생각되는데 스마트십도 이미 그 정도의 기술 발전은 하고 있는 것 같아요. 선박은 원래 많은 부분이 자동화되어 있었는데 현재의 스마트십 기술은 자동화를 넘어서 IT기술을 선박 운항의 다양한 분야에 융합하여 선박을 보다 안전하고 효율적으로 운항할 수 있도록 하고 있어요. 자율운항선으로 발전하면 선박 운항에 필요한 많은 부분을 선박이 알아서 처리하게 될 것으로 생각하고 있어요. 자동차가 더 좋은 비교가 될 것 같은데요. 현재 자동차는 운전자가 운전을 더 안전하고 효율적으로 할 수 있도록 자동 연비 계산, 차로 이탈 경고, 차로를 따라 자율 운전하는 기술 등을 이미 제공하고 있는데 선박도 이미 그러한 수준의 기술은 선박 운항에 활용하고 있어요. 많은 자동차 업체들이 자동차가 직접 운전하는 자율운행차를 연구개발하고 있는데 선박도 선박이 직접 운항을 하는 수준을 자율운항선으로 정의하고 있고 그 부분을 연구개발하고 있어요. 그런데 자동차와 큰 차이는 자동차는 고장이 나면 근처 수리센터에서 고치면 되는데 선박은 망망대해에 떠 있기 때문에 수리를 선박내에서 자체적으로 해야 한다는 점이예요. 자율운항선이 되기 위해서는 이러한 고장수리도 선박이 알아서 할 수 있도록 해야 하는데 이 부분은 기술적으로 매우 어려운 부분이예요.

▶ **그렇다면 스마트십이라는 미래 기술에 적용되는 차세대 인공지능에 대한 설명을 부탁드릴 수 있을까요?**

사람마다 구분에 대한 기준이 다를 수는 있지만, 앞서 설명했듯이 스마트선박의 미래의 종착점은 자율운항선박으로 정의할 수 있어요.[그림 1] 자율운항선박은 선원의 개입 없이 혹은 최소의 선원 개입으로 운항 및 유지보수가 가능한 선박을 의미하는데요. 자율주행차와 큰 차이는 자동차는 고장이 나면 근처 수리센터에서 고치면 되는데 선박은 망망대해에 떠 있기 때문에 수리를 선박내에서 자체적으로 해야 한다는 점이에요. 자율운항선이 되려면, 이러한 고장수리도 선박이 알아서 할 수 있도록 해야 하는데 이는 기술적으로 매우 어려워요.

그림 1 자율운항선 예[대우조선해양]

운항 부분에서는 연료소모가 최소로 되는 안전한 항로를 찾아내는 최적 운항 경로를 만드는 기술과 그 경로를 따라 장애물들을 회피하면서 선박을 자율적으로 운항하도록 하는 부분에 인공지능 기술이 접목될 수 있어요.[그림 2] 고장수리 분야에서는, 선박내 다양한 기자재들의 상태를 진단하고, 그 결과를 활용하여 선박이 자율적으로 고장 유무를 판단하고 자율적으로 수리해나가는 과정에 인공지능 기술이 적용될 수 있을 것 같아요. 현재 기술 수준은 인공지능 기술을 활용하여 최적 운항 항로를 만들고 이 항로를 따라가면서 항해하면서 나타나는 장애물들을 스스로 인지하고 회피하는 기술은 거의 개발이 되어 있는 상황이고 기자재 상태를 자율적으로 진단하는 기술에 대한 연구개발이 진행되고 있어요.

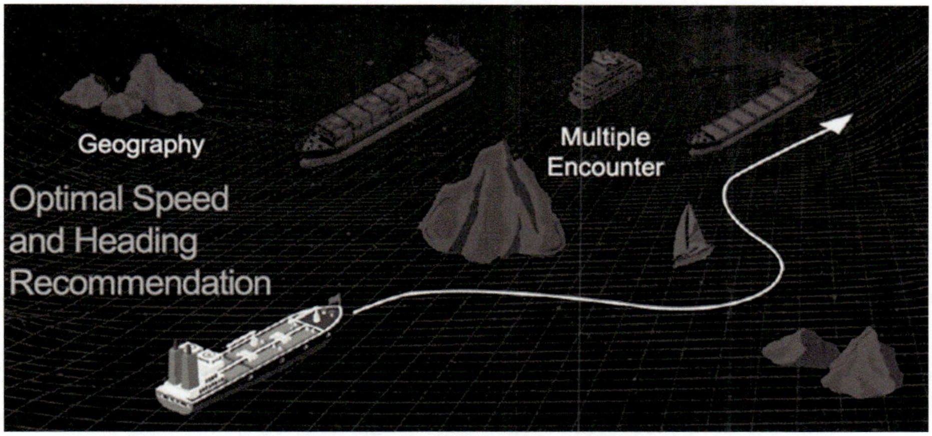

그림 2 자율 경로 예[대우조선해양]

▶ **이러한 업무를 보면 인공지능을 자유롭게 다룰 줄 아는 것이 현 산업 직군의 필수불가결한 역량이라고 생각이 듭니다. 최근 들어 중요시 여겨지는 기술자의 역량에는 어떠한 것이 있을까요?**

가장 중요한 역량은 문제를 정의하고 해결하는 역량이라고 생각해요. 상당수 엔지니어 혹은 연구자의 경우 해결해야하는 문제를 잘 정의하기보다는 가지고 있는 기술 혹은 연구분야에 집중하여 문제해결에 접근하는 경향이 많아요. 아마도 학생 여러분께서도 수학 문제를 푸실 때 그 문제를 해결하기 위한 접근을 우선 고민하기보다는 알고 있는 공식을 우선 대입해보다가 문제 해결이 더 어려워졌던 경험이 있었을 것 같아요. 어려운 문제일수록 이런 경우가 많이 생기는데요. 산업에서 기술을 통해 어려운 문제들을 해결해나가는 것도 마찬가지라고 생각할 수 있어요. 인공지능에서 약간 거리가 있긴 하지만, 제가 회사에 처음 수행한 업무로부터 얻은 경험을 잠시 소개해드릴께요. 회사에 입사하여 제가 처음으로 했던 업무는 컴퓨터를 활용한 엔지니어링 CAE(Computer Aided Engineeing)을 수행하기 위해 실제 선박을 컴퓨터가 연산이 가능하도록 하는 모델을 자동 생성하는 일이었어요.

[그림 3]에서 보시는 것과 같이 이 모델을 활용하여 다양한 엔지니어링을 하게 되어요. 그림에서 보이는 것과 같이 선박은 복잡한 곡면으로 되어 있어서 자동차보다 훨씬 어려운 형상인데 그것을 컴퓨터가 잘 연산할 수 있도록 모델을 생성하는 작업은

숙련된 엔지니어가 보통 1~2개월 정도 소요되는 작업이예요. 이러한 시간을 단축하기 위하여 기존에도 많은 연구가 있었는데 기존의 연구들은 문제를 "모델을 자동 생성한다"로 정의하여 연구개발을 하였고 그 결과 만들어진 방법들은 엔지니어들이 활용하기 어려운 방법들이 되어버리는 문제가 있었어요. 저는 그 문제를 "엔지니어가 활용 가능한 모델을 빠르게 생성한다"라는 문제로 바꾸어 "자동"이라는 키워드 보다는 사람이 일정부분 개입하면서 원하는 모델을 빠르게 만들어가는 형태로 문제에 접근하였고 실제 업무에 활용 가능한 방법을 만들 수 있게 되었지요. 많은 인터뷰와 업무 분석을 통해 엔지니어들이 정말 원하는 것, 즉, 정말로 해결해야하는 문제를 찾으려는 노력이 적중했던 것 같아요. 이를 통해 정말로 해결해야하는 문제를 찾기 위해서는 관련된 다양한 사람들과 대화와 관련된 업무들을 기술적으로 절차적으로 면밀히 파악해보는 것이 중요한 것 같다는 교훈을 얻게 되었어요.

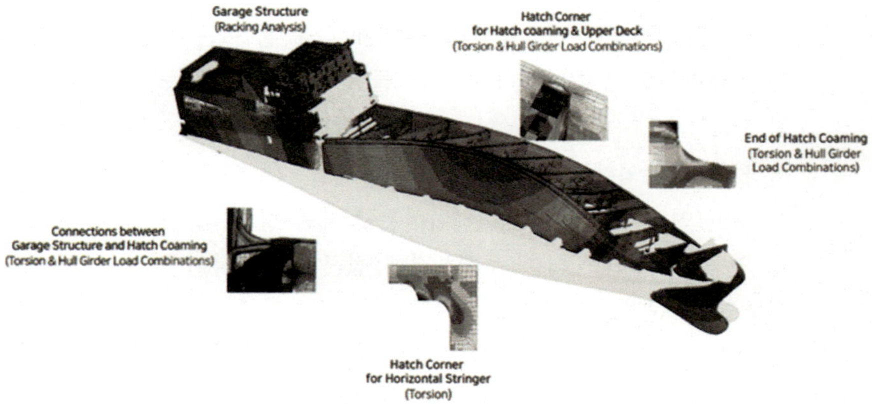

그림 3 선박 엔지니어링을 위한 해석모델 예[DSEC 홈페이지 참조]

▶ **연구원님께서 활동하고 계신 산업만의 특별한 분위기가 있으시다고요?**

조선산업은 긴 시간 동안 세계 최종의 경쟁력을 유지하고 있는 우리나라 산업의 몇 안되는 분야 중 하나예요. 전 세계적인 조선산업의 침체 때문에 우리나라 조선업계도 많은 어려움을 겪고 있지만, 그런 어려움 속에서도 세계 최고의 경쟁력을 지속적으로 유지하고 있고 경쟁국과의 기술격차를 계속해서 벌리고 있는 상황이예요. 조선은 해운 경기에 민감한 산업인데 해운 경기가 좋아질 것으로 예상하고 있어 산업계가 보다 활력을 가지게 될 것으로 예상하고 있어요. 덧붙여 조선산업이 긴 시간 동안 세계 최고를 유지하는 비결은 조선업 초기부터 독자기술확보라는 어려운 길을 걸어왔기 때문이라고 말씀드리고 싶어요. 외국 기업의 설계를 사서 제품을 만드는 쉬운 비즈니스의 길을 일찌감치 뿌리치고 독자기술확보라는 어려운 길을 걸어왔기 때문에 전세계 조선소의 50% 이상이 문을 닫고 있는 현재의 상황도 굳건히 버티고 있다고 생각할 수 있어요.

▶ **독자 기술을 확보하는 것이 치열한 산업에서의 경쟁에서 살아남을 수 있었던 비결이라는 말씀이시군요. 그렇다면 연구원님 개인의 역량은 어떠한지 여쭤볼 수 있을까요? 혹은 산업에 와서 발견하거나 개선한 자신만의 강점이 있다면 알려주시면 감사하겠습니다!**

회사에 다니게 되면 대부분의 사람이 회사가 원하는 역량을 가지게 되어 있어요. 꽉 짜여진 조직구조와 임금을 받고 일하는 구조 때문에 시간이 지날수록 창의적인 면을 잃어버리거나 다른 곳을 바라볼 수 있는 시각을 잃어버리게 되는 경우가 많게 되는 것 같아요. 저는 회사 생황을 조금 운 좋게 했던 것 같아요. IT기술의 조선산업 접목이라는 부분으로 회사 생황을 시작했지만, 경영혁신/신사업개발/연구기획 업무를 하면서 회사의 다양한 제품과 프로세스에 대한 경험을 쌓을 수 있었던 것 같고 이것이 제 선배분들께서 저에게 주신 정말 좋은 기회였다고 생각하고 있어요. 저는 개인적으로 새로운 것에 대한 호기심이 있고 그것을 접목하여 무언가를 바꾸어 보려는 성격을 가지고 있는데 이러한 성격이 다양한 업무에 잘 적응하고 그 업무들을 조금 더 경쟁력 있게 바꾸어 내는데 도움이 되었던 것 같아요. 또한 학교 다니면서 계속 연마할 수밖에 없었던 빠르게 학습하는 기술도 도움을 주었던 것 같아요. 결과적으로 회사 내에서 다양한 분야에 IT기술을 포함한 새로운 기술들을 적용하는 경험을 많이 가지게 되었고 이 부분이 제 강점이 아닐지 생각해요.

▶ **대한민국 차세대 미래 기술 분야에서 근무하면서 느꼈던 점, 자랑스러웠던 경험 혹은 부서장님의 강점을 알려주실 수 있나요?**

선박의 임무는 바다에 떠서 파도의 힘을 이기고 원하는 속력으로 화물을 운반하는 것이예요. 이때 주요한 기술분야는 바다에 떠 있거나 파도의 힘을 이기기 위해 튼튼한 구조를 가지게 하는 것과 파도의 힘을 이기면서 원하는 속력으로 항해하기 위한 선박의 형상을 만드는 부분이예요. [그림 4] 이러한 이유 때문에 긴 시간동안 튼튼한 구조를 다루는 구조역학 분야와 선박의 형상을 다루는 유체역학 분야가 선박의 핵심 엔지니어링 분야로 인식되어 왔고 이것은 지금도 변화 없는 상황이예요. 제가 회사에 입사한 2000년 초반만 해도 IT 기술은 선박을 잘 건조하기 위한 주변 기술 중 하나였는데, 최근 연료비 최소화와 선원들의 운항 안전 및 편의성 향상이라는 키워드가 선박 기술에 새로 등장하면서 선박 건조에 있어 주변 기술로 인식되었던 IT기술이 선박 제품의 핵심기술로 등장하게 되었어요. 또한, 선박 건조에 들어가는 비용을 낮추어 수익성을 확보하기 위하여 선박 생산 공정에서도 IT기술 접목이 적극적으로 진행되고 있고 선박 건조 분야에 있어도 IT기술 접목이 핵심 기술 요소가 되었어요. 이러한 환경에서 조선IT를 전공한 배경이 스마트선박, 자율운항선 개발의 핵심적인 역할모델을 수행할 수 있는 기회를 만들어 주었던 것 같아요. 그리고 회사 경영혁신 업무 중 관심을 갖게 되었던 데이터분석 기술에 대한 호기심 및 지속적인 기술 습득이 빅데이터 기술, 인공지능 기술로 연계되면서 스마트선박, 자율운항선 개발을 위한 필요기술 습득에 자연스럽게 녹아들 수 있게 해준 것 같아요. 부끄럽지만, 저의 강점은 조선산업/제품 전반에 걸쳐 IT기술과 데이터분석기술 적용을 위한 경험과 요소기술을 가지고있다는 점인 것 같고요. 이는 20년 가까운 재직기간 동안 다양한 조선업 프로세스에 IT 최신 기술들을 적용하고자 했던 노력과 호기심이 그 바탕이 되었던 것 같아요.

그림 4 구조역학 유체역학 예[서울대학교 조선해약공학과 홈페이지]

▶ **좋은 조언 감사합니다. 그렇다면 보다 구체적으로 인공지능에 대해서 이야기해주실 수 있을까요? 인공지능을 연구하시면서 만난 자신의 경험에 대해서 말씀해주세요**

인공지능을 연구하면서 가장 어려웠던 점은 해결하고자 하는 문제를 잘 정의하여 딱 맞는 알고리즘을 찾아서 적용하는 부분과 결과물의 효용성을 설명하는 일이었던 것 같아요. 앞서도 설명 드렸듯이 사람들은 일반적으로 최신 유행하는 기술을 활용하는 데 집중하여 문제를 잘 정의하는데 소홀해지는 것 같아요. 문제를 잘 정의하게 되면 보다 쉬운 기술을 활용하여 문제 해결이 가능한 경우도 많은데 그런 부분을 많이 놓치게 되는 것 같아요. 학생 여러분들도 앞으로 많은 인공지능 활용 문제들을 만나게 될 텐데 그 때마다 한 걸음 물러나서 그 문제의 본질을 보고자 하는 노력을 하면 더 좋은 결과를 만드실 수 있을 것 같아요. 이와 더불어 인공지능이 활용된 결과에 대해 상위자 혹은 사용자에게 효용가치를 설명하는데 있어 많은 어려움이 있었던 것 같아요. 상위자 혹은 사용자는 인공지능이 무언가 본인들이 알지 못하던 새로운 것을 찾아주는 것에 대한 막연한 기대를 가지고 있는데 인공지능이 도입되면 새로운 것을 찾아준다기 보다는 오히려 문제 상황을 보다 면밀히 관찰하고 그것을 사람에게 시각적으로 제공하여 사람이 판단을 할 때 도움을 주는 면이 더 효과적이라고 생각하고 있어요. 그렇지만 아직은 이러한 부분에 대한 상위자 및 사용자의 이해와 인지가 부족하여 결과를 설명하는데 어려움이 많은 것 같아요. 사실 이 부분도 상위자 및 사용자가 바뀌는 것을 기대하기 보다는 결과를 더 시각적이고 직관적으로 설명하기 위한 노력이 우선적으로 필요한 것 같다는 생각도 하고 있어요. 학생분들께서도 국어, 사회 등 인문과목들이 인공지능, 빅데이터 기술과 연관이 없다고 생각하지 마시고 꾸준히 인문 과목들을 학습하시어 인공지능 기술로부터 얻은 결과물들을 잘 설명할 수 있는 지식적인 토대를 만들어가시는 것을 강력히 추천드리고 싶어요.

▶ **유익한 산업에서의 이야기 감사합니다. 마지막으로 현재 다양한 학업 공부에 매진하고 있는 학생들을 위한 질문을 하고자 합니다. 문과, 이과의 다양한 학생들이 코딩의 중요성, 인공지능의 중요성에 대해서 묻는다면 연구원님께서는 어떤 조언을 이들에게 해줄 수 있나요?**

저는 우리나라 전체 산업계의 미래가 인공지능, 빅데이터 분석 기술에 기초한 데이터 기반의 판단과 그것을 활용한 경영이라고 생각하고 있어요. 인공지능 코딩이 그 자체로 의미가 있다기보다는 설계/생산/구매/관리 등 많은 업무에서 사원에서 임원까지 자기가 부여 받은 업무를 데이터에 기반하여 판단할 수 있는 과정을 체득하고 그것을 적절히 활용할 수 있다면 산업계가 보다 체계적으로 경쟁력을 확보하고 유지할 수 있을 것이라 생각하고 있어요. 이를 위해서는 개개인이 데이터를 처리하고 데이터로부터 판단에 필요한 정보를 찾아내는 역량을 가져야 하고 이는 학생분들이 앞으로 만나게 될 미래의 어떤 일에도 적용될 것이라 생각해요.

▶ **매스컴을 통해 점점 인공지능에 대한 관심이 증가하고 있습니다. 이러한 상황에서 다음 세대인 학생들에게 꼭 당부하고 싶은 조언이 있으시다면 말씀해주시면 감사하겠습니다.**

인공지능에 대한 기술적인 관심도 중요하지만 인공지능으로 해결하고자 하는 문제의 본질을 파악하는데 보다 집중할 수 있으면 좋겠어요. 또한, 인공지능 기술을 통해 얻어낸 결과들을 사람들에게 잘 설명할 수 있는 지식적인 토대도 같이 갖추어야 하면 좋을 것 같아요. 해결하고자 하는 문제의 본질을 잘 파악하기 위해서는 문제 파악을 위한 다양한 훈련도 필요하지만 우선은 기본적인 지식이 필요하다고 생각됩니다. 이러한 지식을 쌓기 위해서 중학교, 고등학교 때 많은 과목들을 배우게 되는 것이고요. 국어, 사회, 과학, 심지어 체육까지도 중학교, 고등학교 때 수업에서 얻었던 많은 경험들이 인공지능 기술을 제대로 활용하기 위한 지식적인 토대를 만들어 준다고 생각해요. 흔히, "인공지능" 하면 그것을 Python 도구나 아니면 텐서플로우 같은 딥러닝 도구를 잘 써서 만드는 것이라 쉽게 느껴질 텐데 그런 것을 잘 하는 사람은 "개발자"예요. 물론 개발자도 인공지능 분야에서 없어서는 안될 중요한 인재상이지만, 인공지능을 더 잘 활용하기 위해서는 그것을 잘 활용하여 현실 문제를 실제로 해결해 나가는 역량을 쌓는 것이 중요하다고 생각해요. 그리고 이러한 역량들은 중학교, 고등학교 때 배우는 다양한 과목들로부터 매우 효과적이고 함축적으로 얻을 수 있다고 생각합니다. 어쩌다 보니 "중고등학교 생활을 열심히 하자"라는 매우 상투적인 형태로 마무리가 된 것 같은데 인공지능이라는 기술을 알지 못하던 사람이 그것을 접하게 되고 활용하게 되면서 과거를 돌아보면서 느낀 경험이라 받아들여주시면 좋겠습니다. 그렇다고 다 잘할 필요는 없어요. 그렇지만 다양한 분야에 항상 관심을 가지는 것은 필요할 것 같아요.

Chapter 3

생소한 금융 이야기

금융과 인공지능

전 ㈜ 쿠팡 부사장, 현 법무법인 율촌의 이준희 변호사님의 칼럼

(現) 법무법인(유) 율촌 파트너 변호사(핀테크 팀 총괄)
2019~2020 쿠팡(주) 핀테크부분 법무부 사장
2016~2019 현대카드/캐피탈 법무실장/상무이사
2003~2016 김앤장 법률사무소 변호사

"금융, 핀테크 그리고 인공지능"

안녕하세요 독자 여러분? 저는 이준희 변호사입니다.

저는 30년쯤 전에 대학교 전공으로 법학을 선택해서 공부하고, 사법시험을 거쳐 우리나라에서 가장 큰 법무법인(로펌)인 김&장법률사무소에서 변호사로 사회생활을 시작했습니다. 십 몇년간 금융전문, 그리고 핀테크 전문 변호사로 활동을 하다가 현대카드에서 법무실장으로, 쿠팡에서 법무부사장으로 일하고, 최근 다시 대형 로펌인 법무법인(유) 율촌에서 변호사 생활을 시작해서 핀테크팀 리더로 열심히 활동하고 있습니다. AI와 코딩에 관한 이야기에 왠 핀테크와 변호사 이야기나고요? AI와 같은 새로운 기술의 발전과 세상의 변화에 맞추어, 금융산업이나 변호사라는 직업도 변해가고 있습니다. 변호사라는 직업 역시 AI의 발달 등 시대적 변화에 맞추어 유기적으로 변화하고 있다는 걸 한번 말씀드리는 것도 의미가 있지 않을까 생각하여 글을 쓰게 되었습니다. 사실 둘 다 재미없는 주제이긴 한데, 그래도 여러분들이 "아 이런 직업도 있고, 이런 세상도 있구나!"라고 흥미를 느껴볼 수 있다면 의미있는 경험일 것이라고 생각합니다.

1장. 변호사 이준희

변호사라는 직업, 아마 이름은 많이 들어보았을 거에요. 드라마나 영화에 나오는, 법정에서 검사와 싸우고, 법정 밖에서는 의뢰인을 위해 불의와 싸우는 모습도 있을 거고, 종합편성채널의 정치평론 뉴스에서 나와서 이런저런 세상 돌아가는 비평을 하는 모습도 보았을 겁니다. 사실 변호사라는 직업 또는 자격은 이름에서 알 수 있는 바와 같이 다른 사람, 특히 법률에 관한 지식이 부족하여 자기의 권리를 지킬 수 없는 사람을 위해 "변호" 즉 주장과 공격방어의 기술과 서비스를 제공하는 것입니다. 이러한 의미로서의 변호사를 "Attorney"라 합니다. 소송대리인으로서의 변호사의 모습을 떠올리면 이해하기가 쉽죠. 하지만, 반드시 소송과 같은 분쟁이 아니더라도, 일상적으로 발생하는 법률적인 문제에 대해 법률적 전문성을 기반으로 조언을 제공하는 역할이 있는데, 이러한 측면의 변호사를 "Counsel"이라 합니다. 자문변호사라고 부르기도 하는데요. 저는 후자의 길을 밟아 왔습니다.

제가 여러분과 같은 청소년이었던 시절, 저는 대다수의 다른 친구들과 마찬가지로, 머나먼 장래의 나의 모습이나 비전 같은 건 잘 모르겠고, 그냥 당장 닥친 경쟁이나 시험에 집중하고, 또 틈만 나면 놀 생각을 하는 아이였습니다. 지금은 그런 제한이 없어졌지만 색약(부분색맹)이라는 비교적 흔한 신체적 특징때문에 이공계 진학이 불가능했고, 기왕 문과에 왔는데, 열심히 공부하다 보니, 수학에 비교적 자신이 없던 관계로 상경계열이 아닌 법학을 전공하게 되었죠. 법대를 다니다 보니 대다수가 도전하던 사법시험에 도전하게 되었는데, 사실 솔직히 말하면 그때만 하더라도 소수의 합격자가 비교적 편하게 잘먹고 잘살던 혜택들, 그리고 죽도록 가기 싫던 군대를 장교로 비교적 편하게 다녀올 수 있다는 것이 열심히 공부하는 원동력이 되었답니다. 판검사가 아닌 변호사를 선택한 것도 사실 멋진 이상과 도전의식을 가진 것도 아니었어요. 드라마나 현실에서 비즈니스세계에 도전하고 성공하는 변호사의 모습이 더 멋있어 보였기 때문이에요. 별로 멋이 있진 않죠? 하지만 아마도 청소년 여러분에게 높은 이상과 비전을 이야기하는 많은 사람들도 사실 자기 스스로는 그렇지 못했을 확률이 큽니다. "추억보정"이라고 하죠? 세상을 오래 살아가다 보면, 나중에 깨달은 인생의 경험과 법칙이 자기의 인생과 선택을 지배했던 것처럼 착각하기가 쉽습니다. 여하튼, 열심히 살기도 했지만 제 성장의 결정적인 순간마다 좋은 운이 작용했다는 점도 부인할 수 없죠.

하지만 추억보정의 관점에서 보면, 그래도 제가 좋은 선택을 한 이유 중 하나는, 원래의 변호사라는 직업의 모습과 가치 보다는 새로운 시대, 산업과 비즈니스가 발전하고 세상을 이끌어 나가는 모습에 동참하고 싶었던 의욕이 지금의 제 모습을 만들었다고 생각합니다. 그리고 돌이켜보면 상당히 괜찮은 선택이었기도 해요. 결국 세상은 사람이 사는 곳이고, 사람이 살아가는 가장 중심에는 법률이 아닌, 비즈니스와 경제활동이라는 것이 있으니까요. 변호사라는 직업은 그런 세상의 중심의 모습과 흐름을 상당히 가까이에서 지켜볼 수 있는 점에서 좋은 직업이라고 생각합니다.

2장. 핀테크와 금융

먼저 금융을 이야기해봅시다. 일단 느낌부터 어렵고 딱딱하죠? 더구나 우리나라는 여러분과 같은 청소년들에 대해 금융이라는 중요한 주제를 편하게 설명해주지 않는 분위기가 있습니다. 사농공상이라고 하는 전통적인 가치관이 남긴 폐해이기도 하고, 전통적으로 돈놓고 돈먹기라고 폄하당해온 분야이기도 해요. '베니스의 상인' 같은 외국의 소설을 봐도 알 수 있습니다. 하지만, 금융이라는 산업은 세상의 돌아가는 여러 메커니즘 중 아주 중요한 역할을 차지하는 산업이기도 합니다. 우선, 금융은 수많은 산업이 돌아가게 하는 자금의 흐름을 공급하는 역할을 합니다. 사람들이 맡긴 예금을 기반으로, 자금이 일시적으로 부족한 기업이나 사람들에게 대출을 해줌으로써 자금의 격차를 해소하고 유동성을 공급하는 기능을 하죠. 마치 국가를 사람의 몸으로 비유한다면, 심장을 통해 온몸 구석구석으로 피를 공급하고 순환시키는 역할을 합니다. 그리고 주식과 같은 금융투자상품을 판매함으로써 그 투자금액이 기업에 공급되도록 하는 기능도 하고, 신용카드와 같은 지급수단을 발행함으로써 우리가 밖에서 쓰는 돈들이 판매자들에게 원활히 공급되도록 하는 기능도 합니다. 보험상품을 제공함으로써 불의의 사고의 막대한 피해의 리스크를 줄여주는 기능도 합니다. 그 자체로서 반도체산업 같은 부가가치를 창출하지는 못한다고 하더라도, 수많은 기업과 비즈니스와 유니콘기업, 일자리를 만들 수 있는 기반 인프라로서 기능을 합니다.

핀테크는 갑자기 어느날 세상에서 뚝 떨어진 개념은 아니에요. 핀테크 이전의 금융산업은 금융서비스를 공급하는 은행, 증권, 보험과 같은 금융회사가 직접 소비자들을 만나서 서비스를 제공하는 프로세스였어요. 금융은 엄청난 리스크를 가지고 있기 때문에, 그 사람이 본인이 맞는 지부터 각종 거래가 정확하게 지시된 것이고 올바르게 이루어지는지,

보안은 어떻게 관리되는지 등등에 대해 수많은 규제를 받고 있습니다. 따라서 이러한 서비스의 구조나 판매채널이 아주 불편한 구조로 구성되어 있었습니다. 핀테크는 발전하는 다양한 기술을 기반으로, 특히 모바일 환경에서, 금융서비스를 보다 편리하고 쉽게 제공하고자 하는 방향의 발전을 의미하구요. 전통적인 금융회사보다는 IT 플랫폼 사업자들이 중간에 이를 매개하는 역할을 하는 방식으로 발전하는 큰 흐름을 의미합니다. AI나 머신러닝과 같은 기술도 그 일익을 담당한다고 볼 수 있겠습니다.

3장. 금융산업에도 점차 AI가 적용되고 있는 데 어떠한 영역에서 적용되고 있나요?

금융산업은 그 자체가 원래 데이터 중심 비즈니스입니다. 인공지능이 유입되기 용이한 환경이죠. 어떤 사람이 은행에서 대출을 받고 싶다고 가정을 해 봅시다. 돈을 빌려주는 쪽에서는 이 사람이 어떤 사람이고, 어떤 직업을 가지고 있으며, 자산과 부채를 얼마나 가지고 있고, 기존에 다른 부채를 따박따박 갚아왔는지, 즉 신용이 있는 사람인지 여부를 알지 못하면 돈을 빌려줄 수가 없습니다. 돈을 떼이게 되면 그 손실은 그대로 금융회사의 손실이자 예금자의 손실로 돌아갈 우려가 있기 때문이죠. 그래서 금융산업에서는 어느 특정한 개인이나 법인의 금융거래나 연체정보 등등의 중요한 정보를 "신용정보"라고 정의하여, 이를 집중하여 관리하고, 금융회사들이 이에 접근하여 수시로 이용하고 분석하여 신용도를 평가하여 금융거래에 활용할 수 있도록 하고 있습니다. AI나 머신러닝 같은 기술은 이러한 데이터 분석에서 엄청난 혁신을 가져올 수 있습니다. 최근에는 순수 금융거래내역 뿐만 아니라 여러 비정형, 비금융 데이터들(SNS데이터, 통신서비스 등 비금융서비스 관련 데이터, 상거래데이터 등)을 활용하여 이용자의 신용도를 측정하고자 하는 시도가 다양하게 나타나고 있는데요. 이러한 신용도 평가 뿐만 아니라, 거래 이후 부도 리스크 관리, 부정거래(Fraud) 탐지, 해킹방어 등, 금융산업의 다양한 인스턴스에서 AI나 머신러닝, 딥러닝 같은 기술이 응용되고 있습니다. 앞으로도 더 다양한 곳에서 이러한 신기술이 금융산업을 리드해 나갈 것이고, 그 곳곳에 여러분들이 사회에 진출한 이후에 공격해볼 수 있는 기회가 있을 것이라고 생각합니다.

4장. 금융, 핀테크 그리고 법

금융과 핀테크 산업이 수많은 규제를 받고 있다고 위에서 이야기했죠? 금융 산업은 그런 규제를 받고 있을 뿐만 아니라 산업 자체가 법과 제도가 설계한 산업이라는 특징이 있습니다. 각각의 금융회사들은 모두 국가와 정부의 허가를 받고, 통제 하에 비즈니스를 하게 됩니다. 강한 공공성도 요구되고요. 규제에 공백이나 흠결이 있었을 때마다 막대한 소비자피해를 발생시키는 사고들이 터져 왔는데요, IMF 금융위기, 2000년도 초반의 카드대란, 서브프라임 사태, 최근의 펀드 사태와 같은 것들입니다. 그럴 때마다 새로운 보다 정밀한 규제가 도입되어 왔지요. 한 마디로 비즈니스의 시작부터 끝까지 어느 하나 자기 마음대로 할 수 있는 게 없는 산업입니다.

하지만, 핀테크는 좀 다릅니다. 핀테크는 진화하는 기술의 발전을 기반으로 이러한 규제의 틈 속에서 보다 이용자 친화적이고 경쟁력 있는 새로운 실험과 혁신을 해내는 것을 목표로 하죠. 그런 상황 속에서 기존의 법제도와 규제의 틀과 갈등이 벌어지는 것이 일반적입니다. 여기서의 법률전문가의 역할은, 기존의 규제와 법의 틈을 찾아내고, 그러한 틈새를 악용하는 것이 아니라 소비자보호와 같은 당위성을 지켜내면서도 보다 혁신적인 서비스를 설계할 수 있는 방법을 찾아야 합니다. 어려운 일이지만 그만큼 보람있는 일이기도 합니다.

이러한 역할을 잘 해내기 위해서는 우선 규제산업이라고 하는 금융산업의 본질과 가치관을 명확히 이해하고 있어야 합니다. 비즈니스를 하는 사람들은 금융소비자보호와 국가산업의 지속적인 발전과 같은 당위성보다는 자기의 비즈니스의 성장과 경쟁에서의 승리에 집착하기 쉽습니다. 하지만 이런 분야에서 전문성을 기반으로 자문을 제공하는 변호사는 어느 한 쪽에 쏠리지 않고 균형을 유지하면서도 결국 최종 목적지에 도달할 수 있도록 하는 가이드의 역할을 해 낼 수 있어야 합니다. 본질적인 가치를 포기하지 않으면서도 탄력적이고 유연하고 적극적인 고민과 창의성을 기반으로 전통적인 금융산업이 만들어내지 못한 혁신을 만들어내야 하는 능력과 자질이 요구되죠. 물론 매우 어려운 일입니다. 하지만 한번 도전해 볼 만한 일이기도 하겠죠

저는 다행히도 법률전문가로서 운 좋게도 대다수의 변호사나 법조인이 걷지 못한 이러한 길을 걸어올 수 있었다는 점에서 매우 의미 있고 자랑스러운 길을 걸어왔다고 생각합니다. 비록 시작은 우연이었지만 이 길이 제가 걸어갈 길이라고 느낀 순간부터는 저만의 차별성과 장점을 가지기 위해 많은 노력을 했어요. 법학 전공자로서 불리한 전문적인 기술에 관한 이해도를 높이기 위해 사이버 대학교에서 컴퓨터공학을 공부하기도 했고, 많은 경영이나 혁신 관련 책도 읽으면서 준비를 해 왔습니다. 기술 자체를 이해하고 적용하는 것도 중요하지만, 변호사로서 중요한 것은 코딩을 할 수 있는 능력이 아니라, 그러

한 기술의 의미를 이해하고 그러한 기술이 적용되었을 때 발생할 수 있는 비즈니스의 혁신과 결과를 명확히 이해하여 이에 대한 규제를 분석하고 솔루션을 찾아가는 능력이 더욱 중요합니다. 현대카드에서도 빅데이터 분석 플랫폼을 런칭하면서 기존의 규제를 응용하여 최선의 구현방식을 찾아내고, 쿠팡에서도 쿠팡페이를 설립해서 쿠페이라고 하는 간편결제서비스를 다른 페이서비스와 차별화된 사용성 높은 서비스로 구현하는데 일조했다고 자부합니다.

5장. 새로운 기술과 산업의 발전을 지켜보며

앞으로 여러분들이 사회에 나와 각자의 역할을 만들어 나가는 과정에서 지금 여러분도 예측하지 못한 많은 기술의 발전이 나타날 것입니다. "문송합니다"라고 하죠? 개발자들이 특급대우를 받고, 문과생이 취업시장에서 홀대받는 세상이기도 합니다. 산업과 기술의 발전에 따른 역할의 수요가 달라지는 것을 막을 수는 없을 거에요. 하지만, 그렇다고 모든 학생이 코딩에 매달리고 개발자가 될 필요는 없다고 생각합니다.

실제 개발자 또는 기술전문가로 성장하고 싶은 사람들은 그 누구보다도 기술적인 능력을 키우는데 집중해야 할 것입니다. 물론, 이러한 직군의 사람들도 나중에 레벨이 올라가 CTO 레벨에 가까이 가게 되면, 스스로의 기술적 능력보다도 관리자로서의 능력, 즉, 조직을 운영하고 사람을 관리하고 의미있는 경영성과를 창출하는 비즈니스적인 능력이 더 강하게 요구됩니다. 무엇보다도 열린 마음과 자세로 그러한 역할과 경험치를 흡수하는 것이 중요하다는 점을 잊지 마세요. 하지만 경영학이든 법학이든, 인문학이든, 앞으로 다가올 세상에서도 할 일은 충분히 있을 거에요. 경쟁은 심하겠지만, 그 만큼 자기만의 전문성과 차별화된 가치를 만들어 나가는 것이 중요할 것입니다. 역사학이 답없는 분야라고들 하지만, 스토리텔링과 결합된 컨텐츠 비즈니스에서도 역사 이야기로 성공하는 사람은 존재하는 것이거든요. 미디어든, 컨텐츠든, 뇌과학이든, UX디자인이든 결국 사람 사는 세상에서 사람을 상대로 하는 비즈니스이기 때문입니다.

변호사도 마찬가지입니다. 아무리 기술이 발전하는 세상이라고 하더라도 그 기술 자체가, 세상을 살아가는 사람과 사회를 떠나서는 아무런 가치가 없는 것이고, 그러한 사회를 설계하고 운영하는 기반인 법제도에 관한 전문성을 가지고 도전한다면 나름대로의 중요한 역할을 맡을 수 있게 됩니다. 비즈니스라는 것은 결국 수많은 리스크 위에서 새로운 도전을 하는 것이고, 그러한 리스크를 탐지하고 분석하고 통제하는 것은 기술만 가지고 되는 것은 아니니까요. 물론, 변호사가 Python을 짤 수 있고 머신러닝 기법을 응용할 수 있는 전문성이 있다면 금상첨화이겠습니다.

어찌보면 코딩과 법학은 비슷한 측면이 있습니다. 둘 다 그 핵심에는 "논리"가 있고, 인과관계와 논리적인 흐름에 관한 분석이 핵심이며, 어디 하나 틀리면 결국 결론이 틀리게 되고, 디버깅을 통해 개선된 알고리즘과 법논리를 찾아 나간다는 측면에서도 그러합니다. 둘 다에 도전해보는 것도 멋진 일 아닐까요?

압니다. 제가 자라날 때도 그랬고, 중학교 2학년인 제 큰아들을 봐도 그렇습니다. 내 능력은 한계가 보이고, 왜 공부를 해야되는지도 모르겠으며, 뭘 전공하고 싶은지도 아직은 막연하거나 잘 모르겠고, 몇 년 뒤에 다가올 입영통지서도 두렵죠. 그런데, 너무 먼 곳을 보고 목표를 세워야 한다고 고민에 빠질 필요는 없는 것 같아요.

요즘 스타트업과 혁신 산업계에서 유행했던 말 중에 '피벗(pivot)'이 있습니다. 매 순간마다 지금이 맞는지를 고민하고, 아니다 싶으면 바로 궤도를 수정하여 새로운 선택을 해보는 방식입니다. 여러분들이 살아나가는 지금도 빠른 피벗이 더 나은 미래를 만드는 것일지도 몰라요. 일단 해보고, 아니면 빨리 다른 길을 가보는 거죠. 물론, 지금의 선택에 대한 깊은 고민은 있어야 하고, 부모님이나 다른 사람들의 도움과 조언도 참고하면 좋을 겁니다. 그리고 그러한 피벗을 위한 고민의 핵심은, 어떻게 하면 차별화된 나만의 가치와 모습을 만들어 나갈 수 있을까라고 하는 생각이 되길 바랍니다. 저도 평범한 소송 변호사가 아닌 새로운 분야에 도전하는 특색 있는 모습이 되고 싶다는 생각이, 지금의 저를 만든 중요한 원동력의 하나라고 생각합니다. 주저리주저리 써봤지만, 조금이라도 여러분에게 도움이 되었다면 저에게는 벅찬 보람이 될 것 같습니다. 모두들 재미있는 코딩생활 해 나가길 바라면서 글을 마칠께요. 참. 그리고 수학은 가급적 잘하는 편이 좋습니다.

감사합니다.

Chapter 4

생소한 스타트업 이야기

스타트업과 인공지능

임영익 대표 (법률 인공지능 기업인 인텔리콘 메타연구소의 창업자)의 칼럼

"스타트업과 인공지능 : 컴퓨테이션 법률학 및 법률 인공지능"

▶ **예측을 벗어난 창의성 혹은 대비되는 두 항목에서의 배타적인 선택성은 인간의 사고만의 독특한 영역이라고 생각되는 부분입니다, 그렇다면 대표님께선 지금껏 예측을 모방해오던 인공지능이 예측 밖 창의성으로 대표되는 인간의 영역(실수에서 시작된 과학의 발전, 영감에서 시작된 개인의 예술적 창의성 등)도 접근할 수 있을 것이라고 생각하시나요?**

먼저 최근에 급부상한 머신러닝의 본질에 대한 이야기를 해 보겠습니다. 인공지능 기법 중 하나인 머신러닝은 데이터를 통해 일종의 예측함수를 만들어 내는 기술입니다. 함수라고 해서 대단한 것이 아닙니다. 입력과 출력의 형식으로 되어 있는 것은 모두 함수라고 보면 됩니다. 대부분의 머신러닝은 분류기로 작동합니다. 분류는 남자/여자, 개/고양이/호랑이/사자 등등 이런 식으로 어떤 입력(여기서는 이미지)에 대해서 분류 결과를 출력으로 보냅니다. 또 다른 예는 내일 날씨를 예측하는 경우를 봅시다. 어떤 입력을 주면 출력으로 흐림/비/화창 이런식으로 결과를 주는 것이죠. 이것도 결국 3가지 중에 하나를 분류하는 것입니다.

상식적으로 보면 이런 분류는 관련 전문가가 수학식을 만들거나 규칙을 찾아내서 분

류함수로 만들어 두면 됩니다. 그런데 머신러닝은 데이터를 통해 그런 함수 또는 규칙을 자동으로 찾아냅니다. 그것을 '학습'이라고 하죠. 이 단어 때문에 우리가 가끔 다른 상상을 하지만, 실상 머신러닝의 학습은 적절한 함수를 찾아내는 과정입니다. 즉, 머신러닝은 무수히 많은 함수 중에 예측 오차가 가장 작은 함수를 찾아내는 최적화과정 또는 함수 추정 과정에 불과합니다. 적절한 알고리즘을 만들어 두면 컴퓨터가 오차를 계산하고 함수식을 조금씩 수정해 나갑니다. 계산 선수인 컴퓨터가 이런 과정을 초고속으로 진행하여 근사적인 함수를 찾아내죠. 머신러닝의 대표선수인 '인공신경망'도 이런 것을 수행하는 모델입니다. 그런데 인공신경망을 여러 층으로 만들면 모든 함수를 근사할 수 있다는 것이 수학적으로 이미 증명되었습니다(만능근사이론). 이런 이유로 인공신경망이 인공지능 기술의 대명사처럼 된 것입니다.

예측이라는 것은 추론이라는 말과 동전의 양면관계에 있습니다. 추론을 간단하게 생각하면 기존 데이터에 없는 것을 추정하는 것이죠. 위에서 언급하였듯이 내일의 날씨를 예측하는 것은 결국 분류하는 것입니다. 따라서 분류는 항상 예측이며 추론으로 연결되는 것입니다. 물론, 내일의 기온을 예측하는 문제는 연속 분류, 즉 회귀의 문제가 됩니다. 회귀나 분류도 결국은 추론이며 그것은 예측함수로 작동하는 것이죠.

저의 책 '프레디쿠스'에 등장하는 프레디쿠스는 예측하는 존재자를 말하며 인간과 예측하는 기계를 모두 의미 합니다. 인간 두뇌는 결국 예측을 잘 하기 위해 진화를 하였다고 보아도 무리가 없습니다. 우리는 언어를 통해 생각이라는 것을 하게 되면서 미래를 예측하려는 욕망이 더욱 강해 졌습니다. 인공지능은 이런 욕망을 대신하기 때문에 필연적으로 무엇인가 예측하는 쪽으로 진화를 하게 되어 있는 것이죠. 한편, 분류함수 자체가 추론 하는 것이고, 그 추론이 바로 예측이기 때문에 이런 진화의 방향은 너무나 당연한 것이죠. 인공지능이 날씨, 주식, 지진 등의 예측에 활용되는 것이나, 상품을 추천하는 등의 시스템도 결국 이런 측면을 반영하는 것입니다.

그런데 이런 분류함수가 인간의 창의성에 접근할 수 있을까요? 이 문제는 선제적으로 '창의성' 또는 '창의적 발상'이라는 것이 무엇인지 정의를 해야 합니다. 학자들의 일치된 견해는 없지만, '창의성'에 대해서는 우리 모두 비슷한 개념을 가지고 있을 것입니다(여기서는 그냥 그렇다고 전제하고 진행하겠습니다). 창의성은 그림이나 음악 같은 예술에 가장 많이 등장합니다. 그런데 잘 생각해 보면 과학이나 기술, 스포츠, 바둑, 게임 등의 분야에서도 창의성은 중요하며, 일상이나 회사의 업무에도 항상 등장하며,

동서고금 막론하고 중요한 화두였습니다. 이렇듯 창의성은 예술에 국한하는 것은 아니지만 예술에 국한한 창의성만을 염두에 두고 인공지능에 대해서 살펴봅시다.

미술의 경우, 무조건 화가는 무엇인가를 창조해야 합니다. 본 것을 그리거나 상상해서 그리거나 어쨌거나 무엇인가를 만들어야 합니다. 인공지능은 분류, 예측, 추론 하는 것이니 이런 미술을 창조하는 것과 거리가 멀어 보입니다. 그러나 2013년도에 등장한 생성모델(적대적생성신경망, GAN)은 새로운 것을 만들 수 있습니다. 전통적인 분류, 추론, 예측하고는 다른 개념이며 놀랍도록 새로운 것을 잘 만들어 냅니다. 딥페이크 기술에서 이미 경험하였겠지만 생성모델은 세상에 존재하지 않는 얼굴을 만들어 낼 수 있습니다. 이런 것들을 예술에 접목해서 이미 인공지능 화가, 인공지능 작곡가 등이 탄생하였습니다.

생성모델도 인공신경망이기 때문에 데이터가 필요하고 데이터를 학습합니다. 새로운 것을 만들어 내는 생성모델은 인간의 창의력과 비슷한 것일까요? 실수와 영감에서 나오는 인간 고유의 창의력 혹은 창조력과는 다른 것처럼 보입니다. 그런데 '영감'이라는 것을 잘 살펴보면 영감은 '새로운 어떤 신비한 무엇'이 아닙니다. 예술가들은 오랜 세월 동안 반복연습을 하여 기술을 익히고, 기존 작품을 패러디 하면서 조금씩 자기만의 스타일을 만들어 갑니다. 생각하고 연습하고, 연습하고 생각하고 이 과정을 수없이 반복하면서 나타나는 새로운 생각, 이것이 영감입니다. 결국 영감이라는 것은 갑자기 하늘에서 떨어지는 천재의 신비한 무엇이 아니고 기존 데이터를 보고 배운 것들을 통해서 추론하는 생각의 결과물을 신비하게 표현한 것에 불과합니다. 물론 이런 설명에 반대하는 사람들도 많이 있습니다만 '영감'의 정의를 이렇다고 본다면 그 다음은 쉽게 전개됩니다.

'창의성' 혹은 '창의적 발상'이라는 것도 우리 인간 뇌에 있는 신경망의 작동에 의한 것이니, 인공신경망이 '창의성'을 흉내내지 못한다고 보는 것도 이상한 논리인 것이죠. 결국 모든 것은 앨런 튜링이 말한 '생각의 단순성'에 대한 공리를 인정하는지에 따라 결론이 하늘과 땅으로 벌어질 뿐입니다.

▶ **인간은 개인과 집단(공유적 속성)을 동시에 갖는데 지금껏 인공지능은 특정 인간의 사고력이라고 한정하고 발전이 이루어져 있다면 훗날 인공지능이 인간 군집 혹은 집단의 지능과 상호작용할 수 있는 부분이 있다고 생각하시나요?**

이미 지금도 상호작용을 하고 있습니다. 예를 들어 우리는 구글이 없는 일상을 상상할 수 없습니다. 구글에서 정보를 얻고, 그 행위 자체가 구글을 또 진화시키고 있습니다.

인공지능 패션 디자이너를 생각해 봅시다. 이미 생성모델이 다양한 문양과 스타일을 창조할 수 있습니다. 인간 디자이너는 인공지능이 만든 후보를 바탕으로 효과적으로 더 멋지고 예술적인 디자인을 할 수 있습니다. 인공지능이 똑똑한 비서 또는 보조자 역할을 하는 것이죠. 이런식으로 인간이 다양한 디자인을 만들면, 그 데이터를 바탕으로 인공지능은 또 다른 스타일을 만들어 냅니다.

이런 식으로 보면, 기계와 인간의 상호작용 뿐 아니라 기계끼리의 상호작용도 가능하겠죠. 말 나온 김에 좀 더 나아가서, '자율성'에 대해서 살펴봅시다. 현재 인공지능은 약인공지능으로 '자율성'이 없습니다. 자율성은 '의식'하고도 관계가 있습니다. 뇌과학적으로 '의식'에 대한 연구가 아직 미흡합니다. 과학의 발달로 의식의 비밀이 좀 더 밝혀지면 강인공지능이 등장하겠지요

그런데 개인적으로는 미래학자들이 말하는 그런 인공지능이 등장에 대해서는 부정적입니다. 인간의 두뇌와 의식이라는 것은 독립된 것이 아니고 우리 '몸'을 전제로 유기적으로 움직이며 환경과 연속적인 상호작용을 하고 있습니다. 여기에 유전자에 각인된 다양한 본능(예를 들면 생존 본능)이 결합되어 하나의 완전체로 작동하기 때문에 개별 모듈의 비밀을 모두 안다고 해도 환원하여 모든 것을 설명할 수 있을지 의문입니다. 단지, 의식이나 본능을 빼고 기능적인 부분만 보면 인간의 메타적 생각 능력은 흉내 낼 수 있을 것입니다(메타적 생각은 생각에 대해서 다시 생각하는 '의식'과도 관련이 있습니다만, 이 부분에 대해서는 저의 졸저 '메타생각'에 자세히 설명하였습니다)

한 20년 후에는 메타적 기계지능이 등장하여 기계들끼리 협업을 하거나 상호작용할 수 있을 것으로 봅니다. 물론 인간의 개입이 전제가 되는 것입니다.

▶ **대표님이 인간대표로서 '예측'하시는 차세대 인재들의 역량은 무엇일까요?**

차세대 인재들은 지금 하고는 다른 역량으로 무장할 것입니다. 전통적인 관점에서는 책을 보거나 대학교에서 전문적인 지식을 배우고 사회를 나가서 실무적인 능력을 기릅니다. 미래는 이런 도식과 반대로 될 것입니다. 기존 지식을 교과서나 학교에서 체계적으로 배워서 '탑 다운' 방식으로 진입을 하는 것이 아니고 곧바로 실무에서 실무 역량을 기르는 '바텀 업' 방식이 중요해 질 것입니다. 지금도 유튜브 등을 통해서 우리는 무엇이던 배울 수 있고 실무를 통해서도 어떤 이론을 뽑아 낼 수 있습니다. 미래 인재들은 인터넷 등을 통해서 전 세계 모든 사람들과 소통을 하고 현재 진행중인 노하우를 익히면서 빠른 속도로 실무 능력을 만들어 낼 것입니다. 문과/이과를 구분하거나, 전공지식을 따지는 시대는 저물어 가고 있습니다. 미래 인재는 구체적인 실전 목표를 세우고 역으로 지식을 찾아 나가는 능력에 의해 결정될 것입니다.

▶ **대표님이 인간대표로서 '예측'하시는 미래 인간 사회, 인공지능 산업, 비즈니스의 세계는 무엇일까요?**

이제 어떤 영역이나 분야에 국한되기 보다는 거대한 플랫폼을 통해 누구나 참여하는 비즈니스 세계가 열릴 것입니다. 특히, 코로나 사태로 빨리 다가온 메타버스 개념은 새로운 비즈니스 생태계를 빠르게 만들 것입니다. 데이터가 모이는 곳은 항상 인공지능이 출몰하고, 그것은 예측하는 존재자, 즉 '프레디쿠스'의 형태로 진화하겠죠. 거의 대부분의 비즈니스 이런 식으로 발전할 것이며, 가상의 세계와 결합해서 더 빠른 속도로 진화를 할 것으로 봅니다. 온라인 마켓, SNS 등의 기존 인터넷 생태계와 게임이 결합하여 메타버스 플렛폼으로 국면이 바뀌며, 여기에 인공지능이 결합되어 영화에서나 등장할 법한 것들이 출몰할 것으로 봅니다.

미래학자들이 2030 정도로 생각했던 것들이 '코로나'로 인해 가속화 되고 있습니다. 기존에 있던 거의 모든 기술과 개념이 이합집산 하고 있다는 것을 주목하기 바랍니다.

모두가 coder가 될 수 있다.

서울대학교 기계공학전공
정원석

우선 이 책을 통해서 인공지능 및 프로그래밍에 관심 있는 많은 분께 제 의견을 전할 수 있게 되어 영광이고, 감사하다는 말씀을 드립니다! 어려서부터 코딩을 경험하고 개발을 시작하는 사람들도 있지만, 저는 그렇지 않은 학생에 속했습니다. 어려서부터 배웠던 물리와 수학을 기반으로, 이론과는 나름 친했지만, 상대적으로 교육의 관심에서 멀었었던 '컴퓨터와 개발'과는 담을 쌓았던 학생이었죠. 때문에, 대학교 2학년 때까지는 코딩에 관심이 전혀 없다가, 군대에서 인공지능에 관심이 생기며 그때 처음으로 프로그래밍 언어라는 것을 배우기 시작했습니다. 그때부터 시작한 것이, 해를 거듭하여, 지금은 사족보행, 이족보행 로봇과 인공지능을 결합하여 제어 및 위치 추정을 하고 있습니다. 매일 코딩을 해야 하는 일이죠.

코딩과 담을 쌓고, 심지어 무서워했던 제가 지금은 대일 코딩을 하고 있습니다. 그동안 절대 특별한 활동과 노력을 했던 것이 아닙니다. 저는 개인적으로 정말 모두가 coder가 될 수 있다고 생각하는 사람입니다. 우리가 평소에 수학과 과학을 배우며 연습했던 논리력, 사고력이라는 추상적인, 둥둥 떠다니는 개념을 잘 정립된 언어체계를 통해 실질적이고, 잡을 수 있는 개념으로 환원하는 게 code라고 생각합니다. 때문에, 코드를 배우는 능력은 크게 두 가지 능력을 요구한다고 생각합니다. 첫 번째, 언어를 배우는 능력. 두 번째, 논리를 전개할 수 있는 능력. 이 두 능력은 대한민국의 의무교육 과정에서 가장 핵심적으로 강조하는 가치죠. 때문에, 특별한 능력이 있어야 coder가 될 수 있는 것이 아니라, 모두가 coder가 될 수 있는 것입니다.

코딩은 앞에서 언급했듯이, 우리가 어렴풋이 알고 있는 개념을 현실에 적용할 수 있게 만드는 도구 그 이상 그 이하도 아닙니다. 따라서, 가장 중요한 것은, 이에 익숙해지는 것입니다. 유튜브에 보면, "python 12시간 안에 끝내기" 같은 영상이 많이 있습니다. 당장, 그 영상부터 켜서 코딩과 차차 친해지라고 권하고 싶습니다. 이렇게 단기간에 직접 가치를 창출할 수 있다는 것은 개발의, 더 나아가 공학의 가장 큰 매력입니다. 개발, 공학 커뮤니티에서 기본적으로 공유하는 개념이 '오픈 소스'이기 때문입니다. 세계적인 공학자들이 몇 년간 머리를 싸매 개발한 기술은 우리는 5분이면 내 컴퓨터에서 구현할 수 있습니다. 최대한 그 자료를 직접 뜯어보며, 그들의 고민의 흔적을 체감해보세요. 그 과정에서 많은 것을 배울 수 있을 것입니다.

당장 이 책을 읽고 있는 여러분은 사실 이미 제가 위에서 이야기했던 "직접 자료를 찾아, 선배들이 했던 고민의 흔적을 따라가 보려는" 노력을 너무나도 훌륭하고 실천하고 있는 것입니다. 저 역시도 선배들의 고민을 수없이 따라가 보았고, 지금은 이렇게 제 고민의 흔적을 이렇게 책을 통해서 남겨보았습니다! 이 글을 읽는 여러분 중 한 분에게라도 이 글이 도움이 되었길 바랍니다.

로봇에 눈을 달아주는 SLAM

서울대학교 조선해양공학전공
김예린

여러분은 차세대 컴퓨팅 기술이 어떻게 진화해갈지 아시나요? 저는 자율 주행의 핵심 기술 중 하나인 SLAM에 대해 소개하려고 합니다. SLAM이란 Simultaneous Localization and Mapping의 약자로, 로봇이 미지의 환경에서 자신의 위치를 추정하는 과정과 환경에 대한 지도를 파악하는 과정을 동시에 수행하는 것을 의미합니다.

우리가 미지의 장소에서 눈을 감고 있는 상황이라면 어디로 이동해야 할지 알 수 없습니다. 그래서 눈을 뜨고 주변의 환경을 파악하고, 그 속에서 우리가 어디에 위치하는지 생각한 후 움직임을 결정합니다. 로봇도 마찬가지입니다. 로봇이 미지의 환경을 스스로 이동하기 위해서는 지도와 그 속에서의 자신의 위치를 알고 있어야 합니다. 그러나 많은 경우에 로봇은 지도를 미리 알고 있지 않기 때문에 환경을 관찰하며 스스로 지도를 학습해야 합니다. 이때 지도의 학습은 자신의 위치를 기반으로 하며, 위치 추정은 지도 안에서 이루어지므로, 위치 추정과 지도 학습의 두 과정이 동시에 이루어져야 합니다. 이를 위해 필요한 기술이 SLAM입니다.

그림 1 네이버랩스에서 무상 공개한 HD맵(고정밀 지도). SLAM이 곧 이 지도를 만드는 기술이다

로봇이 스스로 움직일 때 로봇은 자신이 어떻게 움직였는지에 대한 정보를 알고 있지만 자신의 움직임을 이 정보에만 의존하여 파악할 수는 없습니다. 로봇의 움직임에는 항상 오차가 존재하기 때문입니다. 우리가 눈을 감고 제자리걸음을 하다보면 결국 처음의 위치와 다른 곳으로 이동하기도 하는 것과 비슷합니다. 따라서 로봇의 눈이라고 할 수 있는 센서에서 인식한 환경을 이용하여 지속적으로 오차를 보정하는 과정이 필요합니다. 이렇게 인식한 환경과 기존에 알고 있던 지도의 정보를 비교하여 위치 정보를 보정하고, 이를 이용하여 다시 주변 환경에 대한 정보를 추가하며 지도를 학습해갑니다.

이와 같이 로봇이 조금씩 이동할 때마다 센서에서 받아들인 데이터를 환경에 대한 의미 있는 정보로 바꾸고, 관찰된 환경을 기존 정보와 비교하여 자신의 위치를 파악하고 지도를 학습하는 등의 아주 복잡한 과정을 거치게 됩니다. 실제로 로봇이 움직이면서 이와 같은 과정을 수행하기 위해서는 아주 빠른 계산이 이루어져야 하는데, 이를 위해 복잡한 과정을 코드화해서 빠르게 수행할 수 있도록 하는 컴퓨터의 역할이 필수적입니다.

이처럼 세상에는 다양하고 복잡한 문제 상황들이 존재하고, SLAM뿐만 아니라 세상의 많은 문제들에서 컴퓨터가 중요한 역할을 합니다. 그렇기 때문에 컴퓨터와 인공지능에 대한 지식을 갖춘다면 여러분이 꿈꿀 수 있는 세상이 더 넓어질 것입니다. 이 책을 읽은 독자 여러분은 컴퓨터와 인공지능에 대해 이전보다 더 구체적인 그림을 그리고 있을 것이라고 생각합니다. 여러분이 컴퓨터와 인공지능이라는 생각의 도구를 머릿속에 가지고 미래의 가능성에 대해 마음껏 사고할 수 있기를 바랍니다.